Herderbücherei

Band 436

Dir
zum Geburtstag - 1977
Otto

Über das Buch

In diesem Taschenbuch wird der Marxismus bei seinem Wort genommen. Die von ihm produzierte Wirklichkeit wird mit dem eigenen Anspruch konfrontiert, Geschichte als Entfremdung aufzuheben. Kann der Marxismus dieser Kritik standhalten? Ist eine Überwindung der Entfremdung in Sicht, oder werden durch schönklingende Schlagworte bis in unsere Tage hinein Illusionen genährt, die den Emanzipationsprozeß zunichte machen statt ihn herbeizuführen? Günter Rohrmoser weist in seiner differenzierten Analyse nach, daß die verschiedenen marxistischen Ansätze, wie sie auch nach Marx etwa durch Habermas, Lukács, Bloch, Kolakowski, Sartre oder Marcuse entwickelt worden sind, weit hinter dem ursprünglichen Anspruch zurückbleiben. Es scheint im Gegenteil, wie gerade die jüngsten Auswüchse der jugendlichen Revolutionäre zeigen, das Chaos größer zu werden. Mit einer in schonungsloser Offenheit geführten Bestandsaufnahme räumt der Autor auf mit gefährlichen Illusionen, die dem Menschen mehr Unterdrückung als Befreiung bringen.

Über den Autor

Günter Rohrmoser, geboren 1927, ist Ordinarius für Philosophie an der Pädagogischen Hochschule in Münster und Honorarprofessor an der Universität Köln. Er habilitierte sich 1961 mit einer Arbeit zum Thema „Subjektivität und Verdinglichung. Theologie und Gesellschaft im Denken des jungen Hegel". Schwerpunkte seiner Arbeit liegen auf den Gebieten der Religionsphilosophie, Ästhetik, Philosophie des Politischen und Theorie der Gesellschaft.
Seine wichtigsten Werke: „Emanzipation und Freiheit" (München 1970); „Das Elend der kritischen Theorie" (Freiburg ^{3}1973); „Nietzsche und das Ende der Emanzipation" (Freiburg 1971); „Herrschaft und Versöhnung – Ästhetik und die Kulturrevolution des Westens" (Freiburg 1972); „Shakespeare-Erfahrung der Geschichte" (München 1971).

Günter Rohrmoser

Marxismus und Menschlichkeit

Herderbücherei

Herder Freiburg · Basel · Wien
Herder Druck Freiburg im Breisgau 1974
ISBN 3-451-01936-1

Inhalt

Vorwort

Niemand hätte vor wenigen Jahren vorhersagen können, daß es in der Bundesrepublik zu einer Renaissance des Marxismus kommen würde. In der Gegenwart kann diese, den gesellschaftspolitischen Prozeß so tiefgreifend bestimmende Renaissance nicht länger übersehen werden. In einer Weise, die fast ohne Alternative und Konkurrenz zu sein scheint, hat der Marxismus in der unübersehbaren Vielfalt seiner Ausprägungen ein Monopol in der Interpretation der Gesellschaft und der Tendenzen ihres Prozesses errungen. Was niemand für möglich gehalten hat, bestimmt in der Form einer häufig bewußtlosen Gleichschaltung den grauen Alltag der Bundesrepublik, die Analyse der Gesellschaft im Zeichen des Klassenkampfes und das intensive Suchen nach Möglichkeiten, ihn zu überwinden oder endgültig zugunsten des Faktors Arbeit zu entscheiden. Wie keine andere Theorie scheint der Marxismus dem Bedürfnis nach einer monokausalen und umfassenden Erklärung zu entsprechen. Zum ersten Mal nach der Herrschaft des Faschismus vermag eine Lehre wieder die geschichtliche Realität zu interpretieren, die Menschen zu motivieren und ihnen die Entschlossenheit zu vermitteln, die den Zweifel als Verrat an den wahren Interessen der Menschheit erscheinen läßt. Mit religiöser Inbrunst wendet sich ein Teil der Jugend dieses Landes dem Marxismus mit einer Intention zu, wie sie in besseren Zeiten nur die originäre Kraft eines Heilsglaubens zu erwecken vermochte.

Die Wirklichkeit des Alltags in den kommunistischen Staaten ist so uninteressant wie alle Empirie. Nichts soll der wirkliche Marxismus besagen über die Möglichkeit, den wahren jetzt und hier zu verwirklichen. Nicht leicht ist die Bitterkeit zu vergessen, mit der ein marxistischer Philosoph aus Prag nach dem Einmarsch der sozialistischen Brüder in sein Land auf den Hochmut reagierte, mit dem ein Vertreter der Frankfurter Schule es wagte, die Opfer auch noch schuldig zu sprechen, da ihnen die wahre marxistische Erleuchtung gefehlt habe, deren man nur in Frankfurt teilhaftig wird. Mit Recht wies der Marxist aus Prag darauf hin, daß in Deutschland die Rechtgläubigkeit und der Dünkel der Unfehlbarkeit gedeihen, während andere Völker aus der Erfahrung mit der Revolution lernten, daß es ohne den Rechtsstaat keine Freiheit und keine Humanität gibt. In der Tat, man hat manchmal den Eindruck, daß etliche Jungrevolutionäre bei der ersten Lektüre marxistischer Texte glauben, *den* Marxismus entdeckt zu haben. Dieser Eindruck ist falsch. Der Marxismus und sein Gedanke haben eine Geschichte, und was ihn in bestimmten Situationen überleben ließ, war seine Fähigkeit zur Selbstkritik und Selbstkorrektur. Lenin war davon durchdrungen, daß die Geschichte klüger sei als der gescheiteste Theoretiker.

Vorliegende Untersuchung will an den Niederschlag erinnern, den die Erfahrung des Marxismus mit sich selbst und mit dem Versuch seiner Verwirklichung in der Geschichte und im Spiegel der Reflexion gefunden hat. Der erste und der letzte Beitrag wurden schon vor einigen Jahren an entlegener Stelle veröffentlicht. Sie erscheinen hier noch einmal, weil ein Marxismus, der sich nicht mehr selbstkritisch begreift, nur noch der Förderung der Barbarei dienen kann, die Marx verhindern wollte. Karl Marx ging es noch um Erkenntnis, manchem seiner Nachfolger nur noch um die Macht. Seine jüngsten Schüler gehören zu denen, die alles wissen und von denen sich Marx abgewendet hat, als sie begannen, sich auf ihn zu berufen. Er wollte dann lieber kein Marxist sein.

Stillstand der Dialektik

Einleitung

Gegenstand folgender Untersuchung ist nicht der Marxismus selber, sondern die Kritik, die er in seiner Geschichte durch sich selbst und auch von außen, d.h. von nichtmarxistischen Positionen und Voraussetzungen her, erfahren hat. Beabsichtigt ist eine Kritik dieser Kritik. Der Marxismus soll bei seinem eigenen Wort genommen und die durch ihn produzierte Wirklichkeit als Instanz seiner Kritik zugelassen werden. Wichtig aber ist es, von vornherein klarzustellen, daß die vom Marxismus produzierte Wirklichkeit nicht in ihrer empirisch faktischen Gegebenheit in den Vollzug seiner immanenten Kritik hineingenommen wird, sondern sie soll vielmehr mit dem sie letztlich legitimierenden Anspruch konfrontiert werden, Geschichte als Entfremdung aufzuheben, also mit dem Anspruch, das, was Marx die Vorgeschichte genannt hat, in eine Geschichte zu überführen, die zu ihrem Subjekt die sich als Freiheit verwirklichende Menschheit hat.

Unser Unternehmen sieht sich eigentümlichen und überraschenden Schwierigkeiten ausgesetzt. Der Marxismus als eine homogene Einheit hat sich gegenwärtig in eine Pluralität höchst mannigfaltiger und heterogener Formen seiner politischen und praktischen Verwirklichung aufgelöst. Die ideologische Auseinandersetzung Moskaus mit Peking verdeckt nicht nur, sondern ermöglicht auch einen Polyzentrismus, der in seinen Konsequenzen für die Zukunft der kommunistischen Welt nur schwer überschaut und abgeschätzt werden kann. Doch noch erheblich uneinheitlicher und kontroverser ist die Auslegung und Interpretation, die dem Marxismus dort zuteil wird, wo der Gedanke, sei es unter seinen Herrschaftsbedingungen, sei es in der westlichen Welt, daran festhält, marxistisch sein zu wollen. Die Charakterisierung der Gestalten und Tendenzen dieses Versuches als revisionistisch führt schon darum nicht weit, weil das Gegenteil, nämlich eine verbindliche, ein Minimum an Eindeutigkeit und Gemeinsamkeit repräsentierende marxistische Theorie, in der Gegenwart fragwürdig geworden ist. Daß der als Weltanschauung angebotene Diamat diese Rolle nicht spielen kann, versteht sich von selbst, nachdem seine Funktion, totalitäre Herrschaft zu legitimieren und damit sein im Sinne von Marx unbezweifelbar ideologischer Charakter von marxistischen Theoretikern selber analysiert worden ist.

Es wäre in einer solchen Situation durchaus plausibel, wenn man eine theoretische Auseinandersetzung mit dem gegenwärtigen Marxismus mit der Begründung ablehnte, daß sie unmöglich sei, da der Marxismus sich als identifizierbare und in sich kohärente Theorie verflüchtigt habe oder doch in einem Prozeß des Zerfalls und der Auflösung begriffen sei. So ist denn auch, nicht ohne ein gewisses Recht, das Interesse am Marxismus mit dem die westliche Welt bedrohenden Machtpotential der Sowjetunion begründet worden, eine Bedrohung, ohne welche sich niemand mehr für ihn interessieren würde, es sei denn aus Gründen einer historischen und geistesgeschichtlichen Erforschung des 19. Jahrhunderts. Die Aufforderung, den Marxismus philosophisch ernst zu nehmen, müßte dann ihrerseits als eine Frage sozialpsychologischer Analyse der Rolle von Intellektuellen in der modernen Welt betrachtet werden.

Aber schon die Kennzeichnung der ideologischen Situation des marxistischen Gedankens als einer solchen, die von seinem Verfall und seiner Auflösung zeugt, ist nicht unproblematisch. An welchen Kriterien soll diese Situation gemessen und beurteilt werden und woher sollte man die Kriterien nehmen können? Der Rückgriff auf die klassischen Texte der Väter des Marxismus ist dann nicht mehr so ohne weiteres möglich, wenn Marx zu einem Klassiker erhoben und damit doch in einem bestimmten Sinne von gewissen marxistischen Denkern als selbst historisch geworden erklärt wird. Man will nicht mehr wie Marx denken und argumentieren, sondern so, wie Marx unter den Bedingungen des 20. Jahrhunderts gedacht hätte oder gar hätte denken sollen, um als genuin marxistisch anerkannt werden zu können. Die Berufung auf die Realität des Kommunismus, die These, daß der Marxismus in seiner Entfaltung über Engels, Lenin, Stalin, bis in die Gegenwart hinein, sich immer mehr von seinem Ausgangspunkt entfernt und sich in sein Gegenteil verwandelt und pervertiert habe, wird nicht angenommen, sondern es wird ihr geantwortet, der wirkliche Marxismus sei nicht der wahre. Wenn es sich als möglich erweisen sollte, so wird behauptet, diese Fehlentwicklung selber noch mit den Mitteln marxistischer Dialektik zu begreifen, dann sei der Marxismus gerettet. Für wen gerettet? Für die Zukunft! Sollte sich aber erst in der Zukunft herausstellen, was das Wesen des Marxismus ausmacht, dann bleibt für die Gegenwart nur Hoffnung oder Furcht, je nach dem Standpunkt des Betrachters.

Was bleibt also in einer solchen Situation dem zu tun, der weder den Wunsch hat, den Marxismus zu bekämpfen, noch ihn zu verteidigen? Es bleibt das Interesse an dem, was durch ihn geschieht und im Grunde der Geschichte schon geschehen ist. Immerhin ist die verändernde Gewalt, die der Marxismus ausgeübt hat und noch ausübt, so groß, daß jeder einzelne in unserer Welt durch sein Geschick direkt oder indirekt betroffen ist. Nicht nur die weltgeschichtlichen Realitäten unserer Gegenwart und ihrer Zukunft werden in einer grundlegenden Weise durch ihn bestimmt, sondern auch die Möglichkeiten philosophischen Denkens werden durch ihn vorgezeichnet und entscheidend begrenzt, solange es keine Theorie des Marxismus gibt, die ihn nicht zu ihrem Subjekt, sondern zu ihrem Gegenstand macht. Als unmittelbare Voraussetzung für eine solche hier geforderte Theorie müßte aber erst der Nachweis erbracht werden, daß alles in der Epoche des Eintritts des Kommunismus in die Weltgeschichte ausgebildete Denken wenigstens indirekt und implizit durch die Auseinandersetzung mit einer Erfahrung bedingt ist, die sich in den verschiedensten Ausprägungen marxistischer Praxis und Theorie zu artikulieren suchte. Es ist also notwendig, die implizite Marxismuskritik in unsere Kritik der Kritik mit einzubeziehen.

Die gegenwärtige Lage erinnert nicht zufällig immer wieder an die, die durch die Französische Revolution geschaffen wurde. Die Analogie in der Wiederkehr der durch sie bewirkten geistigen Konstellation ist in der Tat erstaunlich. Eine der notwendigen Konsequenzen ihrer Feststellung ist es, daß auf beiden Seiten, der östlichen wie der westlichen, die Konfrontation mit den Resultaten der kommunistischen Revolution eine Aktualität des Hegelschen Denkens gezeitigt hat, deren Reichweite und Bedeutung von der Entscheidung der Frage abhängt, ob die kommunistische Revolution im 20. Jahrhundert weltgeschichtlich, über das von Hegel Gedachte hinaus, ein qualitativ neues Moment produziert hat. Es ist also in der Sache selbst begründet, wenn alle Schritte in der Entwicklung des marxistischen Gedankens sich aus einer Auseinandersetzung mit Hegels Denken herleiten und auch vorliegende Untersuchung zunächst hypothetisch und heuristisch Hegels Theorie der Freiheit, seinen Begriff einer Vollendung der Freiheit und seinen Begriff einer Vollendung der Geschichte voraussetzen wird.

Was im Unterschied zu allen anderen Theorien der Emanzipation und ihrer Vollendung die philosophische Auseinandersetzung mit dem Marxismus so außerordentlich fruchtbar erscheinen läßt, ist die Tatsache, daß der Marxismus an die Verwirklichung seines Entwurfs die Verheißung der Verwirklichung aller Versprechen geknüpft hat, die in der Überlieferung christlich-philosophisch-europäischer Geschichte nach seiner Auffassung uneingelöst geblieben sind. Die von Marx in seinem Verhältnis zu Hegel entwickelte Theorie einer Dialektik von Aufhebung und Verwirklichung macht eine Theorie der kommunistischen Praxis von den von ihm selbst anerkannten Kriterien her erst sinnvoll und möglich. Grundlegend für eine solche Auseinandersetzung ist die von Marx in Hinsicht auf die Philosophie formulierte These – und sie gilt ebenso für die Religion und die Idee politisch-demokratischer Freiheit –, daß sie nicht verwirklicht werden könne, ohne aufgehoben zu werden und daß ihre Aufhebung nur in der Form ihrer Verwirklichung möglich sei. Die aufhebend verwirklichende Praxis bisheriger Geschichte soll damit gleichzeitig Entfremdung überhaupt aufheben und somit eine Vollendung der Geschichte, gemessen am Begriff bisheriger, praktisch ermöglichen.

Nur wenn der Marxismus verstanden wird als der praktisch revolutionäre Vollzug der Einlösung und Realisierung dieses Entwurfes, ist Marxismuskritik in ihrer impliziten und expliziten Form möglich. Im anderen Fall würden alle Maßstäbe und Kriterien für eine solche fehlen, und die Selbstliquidation des Gedankens vor dem dann irrationalen Anspruch bloßer, aber etablierter kommunistischer Herrschaft bliebe die einzige Möglichkeit. Der Kommunismus wäre dann in der Tat nichts anderes als eine Herrschaftsgestalt blinder und totaler Unterdrückung, als die er in der ideologischen Strategie des kalten Krieges und mancher Philosophien des Westens, z. B. der von Karl Jaspers, erscheint. Was aber Kritik notwendig machte, war der im Vollzug der praktischen Verwirklichung des Kommunismus in Gestalt der kommunistischen Praxis auftretende und sich unübersehbar ständig vergrößernde Hiatus zwischen seinem Anspruch und seiner Realität. Denn wenn zugestanden wird, daß es sich bei der Verwirklichung des Marxismus, die wir als säkulares geschichtliches Experiment vor Augen haben, um das handelt, was Marx gewollt hat, dann kann nicht geleugnet werden, daß im Vollzug des Experiments seiner Realisierung eine Nichtidentität zwischen Anspruch und Wirklichkeit, zwischen Theorie und Praxis, also eine neue Gestalt von Entfremdung aufgetreten ist. Es bedeutet keine Widerlegung dieser Feststellung, wenn dies von dem etablierten System kommunistischer Herrschaft und ihren Vertretern geleugnet wird. Das ausgebildete Herrschaftssystem ist selbst dann, wenn man von der allgegenwärtigen Präsenz des Terrors als Mittel seiner Durchsetzung absieht, der Beweis dieser Nichtidentität, weil im Kommunismus Herrschaft zur Bedingung des Funktionierens gesellschaftlicher Selbsterhaltung ebenso geworden ist wie in allen industriellen Gesellschaftsformen des Westens. Planung der Freiheit in allen ihren Gestalten impliziert unter den Bedingungen technisch industrieller Gesellschaft, Herrschaft und Kontrolle der Geplanten durch die Planenden. Welche Gestalt politisch konstitutioneller Verfassung sie sich gibt, hat sich als die Frage sekundärer Natur erwiesen, für die sie die klassische politische Philosophie des Westens schon immer gehalten hat.

Wenn man aber nun nicht hinter das im Marxismus erreichte theoretische Niveau zurückfallen will, dann muß unsere Frage als eine solche gestellt werden, die nach dem Moment von Nichtverwirklichung in der Verwirklichung, von Nichtidentität in der Identität fragt. Sie bildet den leitenden Bezugspunkt in einer Interpretation der Marxismuskritik. Die von Marx entwickelte Dialektik des Theorie-Praxis-Verhältnisses muß auf ihn selber angewandt werden, ehe die Notwendigkeit gezeigt werden kann, über ihre innermarxistische Fassung und damit über das Medium marxistischer Reflexion hinauszugehen. Gemäß dem Marxschen Dictum, daß über die Wahrheit einer Theorie durch die gesellschaftliche Praxis entschieden werde, muß auch mit dem Marxismus selber verfahren werden, nachdem dieser aufgehört hat, eine bloße Theorie zu sein. Nur weil das Geschick von Philosophie selber in diesen Versuch ihrer aufhebenden Verwirklichung involviert ist, kann nach ihr gefragt werden.

Die Frage nach der Möglichkeit einer philosophischen Interpretation des Marxismus ist in der Kritik in einer Kontroverse zwischen Landgrebe und Habermas diskutiert worden[1]. Ihre Möglichkeit ist von Landgrebe ebenso entschieden bejaht worden, wie das Recht aller bisherigen ernsthaften Marxismuskritik von Habermas mit dem Argument in Frage gestellt wurde, daß diese philosophisch gewesen sei und die von Marx intendierte Aufhebung von Philosophie unterschlagen habe. Das Recht und die Notwendigkeit einer philosophischen Marxismusinterpretation ist von Landgrebe wie folgt begründet worden[1a]:

1. Marx habe seinen Ansatz im Zusammenhang einer Auseinandersetzung mit Hegel entwickelt und gewonnen und sei daher durch diesen, also durch seine philosophische Herkunft, bedingt.
2. Es gehöre grundsätzlich zur Form einer menschlichen Praxis, daß sie durch ein Prinzip bestimmt und getragen sei, durch das ausgemacht und festgelegt werde, von woher und woraufhin gehandelt werden solle. In jedem faktischen Vollzug menschlichen Handelns sei ein solches Prinzip impliziert, durch welches über Struktur und Richtung des Handelns vorweg entschieden sei. Im marxistischen Denken nehme die Philosophie die Stelle eines solchen Vorentwurfs der Praxis ein.
3. Es sei aber nicht konstitutiv für menschliches Handeln schlechthin, durch einen theoretisch vorausgebildeten Horizont bedingt zu sein, sondern dies gelte nur für den Umkreis der Metaphysik und ihrer Tradition, von der auch noch Marx in der Form seines Versuches ihrer Destruktion abhängig sei.

Aus Landgrebes Ansatz ergibt sich der bedeutsame Schluß, daß die Metaphysik als eine mögliche kritische Instanz in der Auseinandersetzung mit dem Marxismus, infolge des noch selbst metaphysischen Wesens des Marxismus, überholt und auszuscheiden sei. Der Marxismus sei von der Metaphysik viel zu abhängig, als daß es möglich sei, aus ihr entscheidende Argumente gegen den Marxismus zu gewinnen. Nur ein Denken, das den Umkreis der im Wesen der Metaphysik beschlossenen Möglichkeiten überschritten habe, verfüge über eine begründete Aussicht, den Marxismus kritisieren und überwinden zu können. Der Marxismus scheitert nach dieser Position nicht an sich sel-

[1] Jürgen Habermas, Theorie und Praxis, Neuwied 1963, S. 279ff.
[1a] Marxismusstudien, 3. Folge, Tübingen 1960, S. 1–66.

ber, sondern an der Metaphysik und diese mit ihm. Aus dem Scheitern des Marxismus durch seine Verwandlung in eine Form totalitärer Herrschaft wiederum wird der Schluß gezogen, daß es an der Zeit sei, den Bann metaphysischer Herrschaft über das Denken zu brechen.

Es ist offenbar, daß Landgrebe in seiner Marx-Interpretation mit gutem Grund den Schwerpunkt auf den Anspruch des Marxismus legt, die Philosophie verwirklichen zu können. Es ist aber ebenso deutlich, daß bei Landgrebe das in der marxistischen Form der die Philosophie verwirklichenden Praxis eingeschlossene Moment ihres Willens, sie aufzuheben, zu kurz kommt. Man könnte doch auch, darauf aufmerksam geworden, aus dem Scheitern des Marxismus – das hier einmal unterstellt werden soll – im Duktus von Landgrebe den entgegengesetzten Schluß einer Rechtfertigung der Metaphysik durch den Marxismus ziehen. Es ist ja schwer einzusehen, wie das vom Marxismus konsequent praktizierte Prinzip der permanenten Revolutionierung aller Verhältnisse ohne die in der Metaphysik bedachte Wahrheit des Moments von Ständigkeit in allem Sein restringiert werden könnte.

Wenn man nun Landgrebe den Vorwurf machen kann, in der Verwirklichung die Forderung ihrer Aufhebung verkannt zu haben, so kann Habermas seinerseits nicht davon freigesprochen werden, daß das Moment ihrer Verwirklichung und damit der Bewahrung philosophischer Wahrheit in seiner Interpretation zu sehr zurücktritt. Nach Habermas stellt eine philosophische Interpretation des Marxismus ihn auf einen Standpunkt, der durch Marx grundsätzlich überwunden worden sei. Habermas sieht also das Problem einer im Marxismus gewollten und betriebenen Aufhebung der Philosophie sehr deutlich, wie überhaupt von Habermas zum Stand gegenwärtiger Marxismuskritik das Überzeugendste und Einleuchtendste gesagt wurde, was man im Westen lesen kann. Unsere eigene Bemühung wäre also durch Habermas ebenso überflüssig wie überholt, wenn hier nicht der Versuch gemacht werden sollte, von anderen Voraussetzungen, als denen von Habermas, auszugehen. Habermas hält am Marxismus fest. Es gilt nicht, ihn zu überwinden, sondern ihn im Lichte der Erfahrung und fortgeschrittener Geschichte zu erneuern. Wie kann er das eigentlich? Nur durch eine in ihren Konsequenzen nicht übersehbare Kritik an Marx selbst und durch eine wesentliche Preisgabe eines wesentlichen Moments der marxistischen Theorie, die in der These ihren Niederschlag findet, daß die Verwirklichung des Marxismus prinzipiell noch nicht begonnen habe. Habermas ist gezwungen, den Sinn und den Charakter marxistischer Theorie, indem er über alle ihre bisherigen Gestalten hinausgeht, neu zu formulieren. Wie bestimmt Habermas die durch den Marxismus der Theorie gestellte Aufgabe? „Es ist das Problem einer empirisch gesicherten Geschichtsphilosophie und zugleich Theorie der Gesellschaft in Gestalt einer ‚letzten' Philosophie überhaupt."[2]

Was Habermas also als spezifischen Charakter marxistischer Theorie ausmacht, ist ihre Absicht, Geschichtsphilosophie sein zu wollen. Sie gehört dann als ein abschließendes Glied in die seit Vico ausgebildete Bewegung neuzeitlicher Geschichtsphilosophie hinein, von der sie sich allerdings gleichzeitig durch ihren Anspruch, empirisch gesichert zu sein, also auch den Kriterien modernen Sozialwissenschaften genügen zu können, unterscheidet. Die These, daß der Marxismus empirisch fundiert werden müsse, genauer formuliert, daß die Feststellung objektiver Bedingungen der Revolution einer empirischen Kontrolle unterliegen müsse, ist angesichts geschichtlicher Erfahrung mit dem Marxismus so überraschend, daß Habermas sie nur aufrechterhalten kann, indem er glaubt, Marx selber einen fundamentalen Irrtum nachweisen zu können. Marx täuschte sich, wenn er meinte, dem Proletariat die revolutionäre Vollendung der Geschichte und ihrer Befreiung aus menschlicher Selbstentfremdung zutrauen zu können. Damit aber hat Marx sich in seiner Analyse grundsätzlich getäuscht, auch dann, wenn ihm konzediert würde, wenigstens die objektiven Bedingungen richtig erkannt zu haben. Denn daß es nur eine Frage der Erkenntnis von Struktur, Entwicklung und Zustand des gesellschaftlichen Gesamtprozesses sei, daß die in ihm ausgebildeten objektiven mit den ebenso in ihm ausgebildeten subjektiven Bedingungen zusammentreffen können, so daß praktische Aufhebung der Selbstentfremdung möglich wird, ist eine zentrale These des Marxismus. Ist der Anspruch von Marx, daß die Geschichte das Subjekt ihrer möglichen Aufhebung und Vollendung selbst erzeugt habe, nicht länger zu halten, weil die Geschichte selber ihn dementierte, dann sind die Schwierigkeiten für eine marxistische Theorie unlösbar geworden, es sei denn, sie vermöchte ein anderes Subjekt zu entdecken, das fähig wäre, an die Stelle des als Subjekt der Revolution ausgefallenen Proletariats zu treten.

---

[2] A.a.O. S. 301.

Bei Habermas heißt es: „Die marxistische These, daß die existente Unwahrheit der antagonistischen Gesellschaft, mit einem Wort: Entfremdung, praktisch aufzuheben sei und aufgehoben werden könne, unterliegt demnach einer doppelten Kontrolle. Die These ist *richtig*, wenn sich die objektiven Bedingungen der Möglichkeit solcher Aufhebung historisch-soziologisch nachweisen lassen; die These ist *wahr*, wenn zu diesen objektiven Bedingungen die subjektiven hinzutreten und nach kritischer Vorbereitung die Aufhebung praktisch durchgeführt wird. Über die objektive Unmöglichkeit der Revolution entscheidet allein Wissenschaft, nicht aber schon deren Ausbleiben oder gar ihre falsche Verwirklichung."[3]

In diesem Zitat tritt deutlich die Konsequenz hervor, vor die sich eine, den Marxismus an sich richtig als Revolutionslehre interpretierende, aber ihn um die Lehre vom Proletariat als dem Subjekt revolutionären Handelns amputierende, also revisionistische marxistische Theorie in der Gegenwart gestellt sieht. Der die geschichtlich fällig gewordene Aufhebung der Philosophie vollziehende Sozialwissenschaftler analysiert die gegenwärtige Gesellschaft auf den Grad der Reife hin, den die objektiven Bedingungen ihrer revolutionären Umwälzung erreicht haben und sucht dann das Subjekt, das nun nicht nur willens, sondern auf Grund seiner Stellung im gesellschaftlichen Prozeß fähig ist, sie ins Werk zu setzen. Sollte dieses Subjekt wenigstens in den ökonomisch fortgeschrittenen westlichen Industriegesellschaften nicht mehr auszumachen sein, dann stellt sich das Problem, es in der Vermittlung von Theorie, also durch Aufklärung erst zu erzeugen. Diese Verwandlung der Struktur und Aufgabe marxistischer Theorie in einer nichtrevolutionierten Welt bedeutet aber im besten Falle die Wiederherstellung der Position der Linkshegelianer und nicht die von Marx. Das von Habermas angemerkte Ausweichen Adornos in Ästhetik und negative Dialektik ist, gemessen an Marxens Theorie der Revolution, zwar inkonsequenter, zumal wenn die politische Ökonomie so sorgfältig ausgespart wird, aber andererseits entspricht Adornos Rousseauismus mehr einer Lage, in welcher revolutionäre Praxis subjektlos wurde. Es ist daher keineswegs erstaunlich, daß Habermas durch seinen Befund und durch seine Forderung, empirische Sozialwissenschaft wie geistesgeschichtliche Hermeneutik in die Theorie des Marxismus als einer letzten Philosophie über-

---

[3] A.a.O. S. 322.

haupt zu integrieren, gezwungen ist, sich in die Formalismen und Subtilitäten eines wissenschaftsmethodologischen Streites mit den Positivisten zu verstricken, da diese ja die Möglichkeit, objektive Bedingungen für eine revolutionäre Totalumwälzung der Gesellschaft empirisch wissenschaftlich feststellen zu können, entschieden bestreiten.

Auch die Integration hermeneutischer Methoden in den Begründungszusammenhang moderner Sozialwissenschaften kann zwar, wenn überhaupt, zu einer Veränderung in der Interpretation des hier maßgebenden Wissenschaftsbegriffes führen, aber sie kann nicht den objektiven Charakter der Bedingungen garantieren, die mit dem Ziel revolutionär verändernden Handelns gesucht werden. Wenn Marx noch meinen konnte, man brauche den versteinerten Verhältnissen nur ihre eigene Melodie vorzuspielen, damit sie zu tanzen begännen, so dürfte die heutige Wissenschaft wenigstens für die Übernahme eines Soloparts in diesem Konzert nicht zu gewinnen sein.

Was heißt „Verwirklichung der Philosophie" bei Marx?

Das unbefriedigende Resultat der Diskussion zwischen Landgrebe und Habermas um die Möglichkeit oder Unmöglichkeit einer philosophischen Marxismusinterpretation zwingt uns, auf den Marxschen Ausgangspunkt zurückzugehen. Wie auch andere Interpretationsversuche zeigen, ist der Marxsche Begriff einer Verwirklichung von Philosophie durch ihre Aufhebung ja keineswegs so eindeutig, wie häufig unterstellt wird. Denn Marx nimmt Philosophie in Konsequenz seiner Anerkennung der Leistung Feuerbachs als eine Art verkappter und hinterlistiger Theologie und nicht so, wie sie sich selbst verstanden hat. Philosophie ist für Marx Reflex und Ausdruck in ihr unbegriffener realer, im Widerspruch der Produktivkräfte und Produktionsverhältnisse in der Gesellschaft begründeter Entfremdung. Sie begreife richtig, aber einseitig die Positivität von Entfremdung; sie unterschlage, kraft der ihr als Philosophie fehlenden Einsicht in die wahre Genesis ihrer selbst und ihres Gegenstandes, die in Entfremdung enthaltene Negativität.

In den Worten von Marx: „Hegel steht auf dem Standpunkt der modernen Nationalökonomie. Er faßt die Arbeit als das Wesen, als das sich bewährende Wesen des Menschen; er sieht nur die positive Seite der Arbeit, nicht ihre negative. Die Arbeit ist das Fürsichwerden des Menschen innerhalb der Entäußerung oder als entäußerter Mensch. Die Arbeit, welche Hegel allein kennt und anerkennt, ist die abstrakt geistige. Was also überhaupt das Wesen der Philosophie bildet, die Entäußerung des sich wissenden Menschen oder die sich denkende entäußerte Wissenschaft, dies erfaßt Hegel als ihr Wesen, er kann daher der vorhergehenden Philosophie gegenüber ihre einzelnen Momente zusammenfassen und seine Philosophie als die Philosophie darstellen." (S. 69/70)[4] Entscheidend ist Marxens Feststellung: Hegel steht auf dem Standpunkt der modernen Nationalökonomie. Das heißt doch nichts anderes: über Werden, Sein und Vergehen der Philosophie entscheidet die Entwicklung der Nationalökonomie. Welches aber ist der Standpunkt der modernen Nationalökonomie? Es ist der, nach welchem das Wesen des gesellschaftlich ökonomischen Reichtums in der in ihm geronnenen Arbeit besteht, also in der Produktion. Was aber leistet Hegel auf diesem Standpunkt als Philosoph? Seine philosophische Leistung besteht für Marx darin, daß er die Starre des abstrakt-naturrechtlich gedachten Begriffs der Natur in die Dynamik des geschichtlichen Prozesses verflüssigt und Gesellschaft als entgegenständlichende Vergegenständlichung der menschlichen, sich in der Gesellschaft vermittelnden Gattungsnatur begriffen habe. Worin besteht die Schranke seines Denkens? Sie besteht in der Auffassung Marxens darin, daß er die Entäußerung nur abstrakt, denkend, d. h. innerhalb der Entäußerung, aufgehoben und nicht gefordert habe, sie auch real praktisch aufzuheben. Der Mensch kehre in der Philosophie nur innerhalb der Entäußerung, der Entfremdung zu sich zurück, die Hegel nur abstrakt negiere, aber in der Wirklichkeit bestehen lasse. Was als ein Moment Hegelscher Philosophie in das Denken von Marx eingeht und durch welches er sich von Feuerbach unterscheidet, ist die Einsicht in die Positivität bisheriger Geschichte als des Prozesses arbeitender Selbsterzeugung des Menschen. Nur der in der entäußernden Arbeit, durch die Selbstobjektivierung der menschlichen Gattungsnatur erzeugte Reichtum, nur die vergegenständlichte, als verdinglichte unterworfene Natur kann angeeignet werden. Konkret bedeutet die Anerkennung der Positivität von Entfremdung, daß die kapitalistisch bürgerliche Gesellschaft als das Produkt und als Träger weltgeschichtlich gewordener Emanzipation die positive und objektive Bedingung der Aufhebung von Ent-

---

[4] Karl Marx, Die Frühschriften, ed. S. Landshut, Stuttgart 1953, S. 269/270.

fremdung darstellt. Der gesellschaftlich-ökonomische Reichtum muß erst kapitalistisch ausgebildet sein, wenn der revolutionäre Akt einen bestimmten und zwar ökonomisch definierbaren Inhalt als Akt einer Selbstverwirklichung durch Aneignung haben soll. Gerade in der Gegenwart scheint es nicht überflüssig zu sein, an das elementare ABC des Marxismus zu erinnern. Wo nichts ist, kann auch nichts revolutionär angeeignet werden. Daran sollten sich die erinnern, die eine Verwirklichung des wahren Marxismus durch die Entwicklung und Revolution in den sogenannten unterentwickelten Ländern der Erde erhoffen.

Aber der voll entwickelte Kapitalismus ist nur eine, die objektive Bedingung, während die subjektive – wenn man einmal undialektisch so voneinander trennen darf – das von dem Genuß dieses Reichtums ausgeschlossene, die Majorität der Individuen einer Gesellschaft bildende Proletariat ist. Was aber ist das Proletariat? Der Erzeuger, der Produzent dieses Reichtums selber in einer Verfassung totaler, materieller, sittlicher und geistiger Verelendung. Äußerste Verelendung der meisten angesichts eines materiellen gesellschaftlichen Reichtums, der alle befriedigen könnte! So ökonomisch der Begriff von Entfremdung in seinem Kern bei Marx gefaßt ist, so primär ökonomisch die Armut des Proletariats gemeint ist, so evident ist der Marxsche Begriff des revolutionären Aktes der Aufhebung aller Geschichte als Vorgeschichte und die Theorie der Aufhebung aller die gesellschaftliche Bedürfnisbefriedigung übersteigenden Formen des Bewußtseins als Ideologie durch die politische Ökonomie bedingt.

Zunächst zum ersten: Marx knüpft in der Tat an den revolutionären Akt der Aneignung vergegenständlichter, entfremdeter Arbeit durch das produzierende Subjekt, das Proletariat, das Versprechen einer Vollendung der Geschichte der Emanzipation, und das heißt marxistisch, die Aufhebung aller bisherigen Geschichte, die zur bloßen Vorgeschichte, zur Genesis des wirklichen Subjekts einer wahrhaften Geschichte menschlicher Freiheit und Selbstverwirklichung herabsinkt. „Der Kommunismus als positive Aufhebung des Privateigentums als menschlicher Selbstentfremdung und darum als wirkliche Aneignung des menschlichen Wesens durch und für den Menschen, darum als vollständige, bewußte und innerhalb des ganzen Reichtums der bisherigen Entwicklung gewordene Rückkehr des Menschen für sich als eines gesellschaftlichen, d.h. menschlichen Menschen. Dieser Kommunismus ist als vollendeter Naturalismus = Humanismus, als vollendeter Humanismus = Naturalismus; er ist die wahrhafte Auflösung des Widerstreits zwischen dem Menschen mit der Natur, und mit dem Menschen, die wahre Auflösung des Streits zwischen Existenz und Wesen, zwischen Vergegenständlichung und Selbstbestätigung, zwischen Freiheit und Notwendigkeit, zwischen Individuum und Gattung. *Er ist das aufgelöste Rätsel der Geschichte und weiß sich als diese Lösung.*“[5]

Der Marxismus muß also, wenn er sich nicht selbst aufgeben will, den Anspruch aufrechterhalten, daß er über die Theorie einer Praxis verfüge, durch welche die Geschichte unter die kontrollierte Herrschaft des Subjekts gebracht werden kann, das sie, die Geschichte, bisher nur bewußtlos und faktisch als ihr Opfer und Objekt erlitten hat. Der Gedanke, die katastrophale Geschichte, das Grauen, wie Adorno sie kurz und umstandslos kennzeichnet, erlittener Entfremdung in die Geschichte einer menschlichen Erfüllung und Befreiung wandeln zu können, ist unter den Bedingungen marxistischer Theorie nur dann sinnvoll, wenn auch alle bisherige Geschichte als das Produkt vergegenständlichter und entfremdeter Arbeit, als bewußtloser Prozeß unaufgehobener Natur und der in ihr begründeten Herrschaft gedacht werden kann.

An diesem Begriff einer Geschichte entfremdeter Arbeit gemessen, müssen alle bisherigen Auslegungen und nicht durch gesellschaftliche Produktion und Reproduktion bedingten Weisen menschlichen Daseins zu Formen falschen, ideologischen Bewußtseins werden. Die ihnen gegenwärtig mit Eifer zugesprochene Wahrheit in der Gestalt ihrer manifesten Unwahrheit besteht aber in nichts anderem als darin, daß sie zwar Entfremdung ausdrücken, aber ohne diese erkennen oder gar beseitigen zu können. Religion, Sittlichkeit, Recht, Staat und Philosophie verfallen der Kritik, insoweit sie den Charakter der Geschichte, Geschichte von ihrem wahren, weil wirklichen Subjekt entfremdeter Arbeit gewesen zu sein, verhüllen und damit die Herrschaftsformen der Unterdrückung im Dienste ihrer Erhaltung fixiert haben. Die für die Geschichte des Marxismus wichtigste Konsequenz der Marxschen Lehre des ideologischen Charakters jedes nicht durch die materielle Produktion gedeckten Bewußtseins ist die Forderung nach Destruktion des Staates, nach Ersetzung der Herrschaft von Menschen über Menschen durch die Verwaltung von Sachen. Wir werden die Bedeutung

[5] A.a.O. S. 235.

dieses Postulates noch eingehend bei der Interpretation der Marxismuskritik zu berücksichtigen haben. Darstellung und Kritik der Marxismuskritik werden also folgende Elemente marxistischer Theorie als ihr immanenten Maßstab zugrunde legen müssen, um eine Position in Zustimmung und Abweichung, in Affirmation und Negation, als marxistisch ausmachen zu können.

1. Alle bisherige Geschichte ist Geschichte menschlicher Selbstentfremdung. Die Kategorie der Entfremdung hat in ihrem bei Marx vorausgesetzten Sinn ihren Ort in der modernen, neuzeitlichen Naturrechtstheorie und nicht, wie uns die theologischen Apologeten glauben zu machen versuchen, in der biblischen Theologie. Marx knüpft unmittelbar an die Nationalökonomie und die in ihr vorausgesetzte Tradition neuzeitlichen Naturrechtsdenkens an. Im Unterschied zur Tradition klassischer politischer Philosophie aber verfährt modernes Naturrechtsdenken nicht geschichtlich hermeneutisch, sondern ungeschichtlich abstrakt. Es ist durch eine Methode bestimmt, die sich am Methodenideal exakter Naturwissenschaft orientiert. So wie der neuzeitliche Naturwissenschaftler die konkrete Natur zerstört, in ihre Elemente auflöst und sie wieder zusammensetzt nach dem Gesetz der Methode und nicht nach dem Zusammenhang erscheinender Natur, so verfährt auch die moderne Naturrechtstheorie. Der ihr zugrundeliegende Begriff des Menschen wurde gewonnen auf dem Wege der Abstraktion. Es handelt sich in ihr also um eine hypothetische Konstruktion einer ungeschichtlich gedachten Natur des Menschen. Ihr Ziel besteht darin, den Menschen in eine Verfassung der Übereinstimmung mit diesem hypothetisch nach dem Gesetz der Methode erzeugten Begriff zu bringen. Im Zusammenhang der den Staat begründen wollenden Vertragstheorie entspringt nun die Kategorie der Entfremdung in ihrem auch noch für Marx und den Marxismus maßgeblichen, aber im Verhältnis zu ihrem ursprünglichen, bei Augustin entwickelten theologischen Ursprung, abgeleiteten Sinn. Indem der Staat als aus einem Vertrag hervorgehend gedacht wird, entäußert der Mensch sich seiner Natur, partiell bei Hobbes oder total bei Rousseau. Die Geschichte wird also verstanden als Resultat einer Entfremdung, einer Emanzipation von der Natur. Sie kann also im Zustand ihrer Vollendung nur als eine im Akt der Aneignung des Entäußerten, durch das sich in ihr entäußert habende Subjekt, verschwindende und sich aufhebende gedacht werden. Geschichte ist aber im Unterschied zur abstrakten ungeschichtlichen Theorie neuzeitlichen Natur-

rechtsdenkens nicht nur Geschichte eines Verlustes des Menschen, sondern gleichzeitig Geschichte der Erzeugung der Bedingungen seiner Selbstverwirklichung. Die eminent positive Einschätzung des Kapitalismus durch Marx hat in der im Verlauf seiner Auseinandersetzung mit Hegel angeeigneten Dialektik ihren bestimmenden Grund. Geschichte der Entfremdung ist also Geschichte, in welcher der Mensch noch nicht für sich geworden ist, was er an sich durch sie wurde: Produzent seiner selbst und seiner Welt.

2. Die Bedingungen revolutionärer Aneignung der zu einer konsolidierten Gewalt über den produzierenden Menschen gewordenen Dinge sind für Marx in seiner geschichtlichen Gegenwart in der kapitalistisch-bürgerlichen Gesellschaft darum gegeben, weil die Geschichte der Entfremdung in ihrer äußersten Entfaltung in der Gestalt des Proletariats das Subjekt ihrer eigenen Aufhebung und damit ihres eigenen Endes selbst hervorgebracht hat. In der Existenz des Proletariats hat die Entfremdung alle ihre Hüllen abgeworfen, und ihr Subjekt ist im Zustand äußerster Verdinglichung und nackter Faktizität als selber verdinglichtes Objekt offenbar geworden. Kommunismus ist aber nicht das Endziel der Geschichte, sondern das Ziel ihres nächsten Schrittes, der politisch ökonomischen Revolution.

3. Was auch immer Marx unter dem Begriff der Revolution gedacht haben mag, Revolution nach ihrem genuin marxistischen Begriff hat zu ihrem Subjekt das durch sie seine ökonomisch bedingte Entfremdung aufhebende Proletariat. Nur der durch den Kapitalismus total entfremdete Mensch kann sich in ihm praktisch ebenso total befreien.

4. Der aus der Revolution resultierende Zustand und die Verfassung zukünftiger Geschichte sind nicht zufällig nur negativ bestimmbar und positiv charakterisiert durch die Rolle der Arbeit in der das Privateigentum und die Klassenstruktur überwindenden Gesellschaft. Dieser Zustand ist negativ bestimmt, weil alle Entfremdung in der Realität und im Bewußtsein fixierende Momente in der Aufhebung der kapitalistisch organisierten Gesellschaft fortfallen: also das Privateigentum an den Produktionsmitteln, der Staat als Mittel der Herrschaft einer Klasse über die anderen, die repressive bürgerliche Moral, die Familie, die Religion als eine Form nun überflüssigen, illusionär kraftlosen Protestes, die Philosophie als eine gegenüber der Praxis unabhängige und verselbständigte Form von Theorie.

Weniger eindeutig sind die Aussagen über Gestalt und Notwendigkeit der Arbeit in der kommunistischen Zukunftsgesellschaft. Wird sie ihren Charakter verändern oder wird sie total verschwinden?

1. These: Arbeit wird kein Mittel mehr zur Erzeugung des menschlichen Lebens, sondern die Arbeit wird dem Menschen selbst erstes und ursprünglichstes Lebensbedürfnis sein. Der Zwangs- und Entfremdungscharakter der Arbeit wird aufgehoben. In der Zukunftsgesellschaft wird die Arbeitsteilung verschwinden. Der Mensch wird sich als ein totales Wesen in der Gesellschaft verwirklichen. Er wird sich in der Welt der Sinne zu ihnen verhalten wie ein Theoretiker. Er wird sich zum Produkt seiner Arbeit nicht wie zu einem Mittel verhalten, sondern er wird sich zu ihm verhalten um der dem Produkt inhärierenden Qualitäten willen. Der romantisch-ästhetische Charakter dieser Konzeption von Arbeit in der technisch industriellen Gesellschaft der Zukunft ist offenkundig.

2. These: Der späte Marx neige immer mehr dazu, das Reich der Freiheit jenseits der Notwendigkeit, also jenseits des Bereichs gesellschaftlich notwendiger Arbeit und nicht durch ihre qualitative Veränderung zu errichten. Daß diese Abwandlung der technologischen Struktur moderner Industriegesellschaften mehr Rechnung trägt, ist evident. Es kann aber nicht bezweifelt werden, daß die Befreiung vom Druck auferlegter Arbeit zu dem unverzichtbaren Versprechen marxistischer Hoffnung gehört. Doch es liegt ein gewisser Widerspruch zur marxistischen Grundannahme anthropologischer Art insofern vor, als ja das Wesen des Menschen in der Arbeit gesehen wird und somit die Abschaffung der Arbeit einer denkbar radikalen Form von Entfremdung gleichkäme. Aber worauf es uns hier ankommt, ist dies: alle Bestimmungen marxistischer Zukunftsgesellschaft sind negativ. Sie machen das Problem einer positiv inhaltlichen Bestimmung marxistischer Zukunft ebenso dringlich wie unlösbar.

Wenn Habermas erklärt: „Die durchgeführte Dialektik ist die aufgehobene; dann nämlich, wenn alles von Menschenhand Geschaffene auch in die Verfügung der Menschen eingeht, kann erst das wahrhaft Unverfügbare freigesetzt und einer falschen Verwaltung entzogen werden“ –[6], so provoziert das die Frage, worin denn das Unverfügbare sein Wesen haben soll. Die für den gegenwärtigen Kommunismus entscheidende Frage, die sich in

[6] Jürgen Habermas, a.a.O. S. 320.

dem ideologischen Streit um die marxistische Zukunft verbirgt, läßt sich in die Vermutung kleiden, daß die proklamierte Hebung des Lebensstandards und die Entwicklung einer Gesellschaft materiellen Überflusses in der Tat das einzige Ziel ist, das hier konkret gemeint und intendiert werden kann. Auch die weltpolitische Konstellation der Gegenwart und die Erscheinungsformen kommunistischer Praxis geben Anlaß zu dem Verdacht, daß Kommunismus unter den Bedingungen seiner praktischen Verwirklichung nichts anderes ist als ein konsequenterer, seiner Fesseln und Schranken entledigter Kapitalismus. Der weltpolitische Gegensatz ließe sich als der Kampf um die Durchsetzung zweier Organisationsprinzipien derselben, in sich homogenen, emanzipativen Gesellschaft begreifen. Wir müssen diese Möglichkeit ernsthaft unterstellen, weil nicht ausgeschlossen werden kann, daß die als stur und orthodox verschrieenen Techniker kommunistischer Herrschaft den einzig möglichen Marxismus vertreten gegenüber dem von den revisionistischen Theoretikern nur immer wieder postulierten.

Das Argument, daß der sowjetische Kommunismus allen anderen Formen der Verwirklichung des Marxismus dadurch überlegen sei, daß es ihn wirklich gibt, ist dann nicht nur als zynisch zu bewerten, sondern spricht eine schlichte Wahrheit aus, wenn die beschleunigte Entwicklung einer Überflußgesellschaft das Ziel ist, das die hungernden Völker und Rassen der Welt einzig zu faszinieren vermag. Denn was könnte oder sollte das Reich jenseits der Notwendigkeit, nachdem der Mensch den Stoffwechsel mit der Natur unter seine technische und rationale Kontrolle gebracht hat, eigentlich positiv beinhalten, wenn Aufhebung der Entfremdung mit der Vollendung der Emanzipation zusammenfallen soll? Ist alle bisherige Geschichte Geschichte unüberwundener Natur, dann ist in allen Weisen des menschlichen Lebens, wie Sittlichkeit, Familie, Kunst, Religion und Philosophie der Zusammenhang gesellschaftlich sich vermittelnder Selbstproduktion nur verdeckt und verzerrt worden. Sie sind dann ideologische Formen, Formen falschen Bewußtseins, von denen der Mensch in der kommunistischen Zukunftsgesellschaft befreit wird.

Entweder ist Religion und Kunst Derivation und Verdeckung der Entfremdung, dann bedeutet Aufhebung der Entfremdung ihr geschichtliches Ende, oder sie sind nur entfremdete Formen eines Inhalts, der in der Zukunft rein und unverstellt verwirklicht werden soll. In der Auseinandersetzung mit der Marxismuskritik kommt der Entscheidung dieser Frage eine *wesentliche Bedeutung* zu. Man wird sagen können, daß Marx auch hier nicht immer eindeutig gewesen ist, und der Streit um das Verhältnis des jungen zum späten Marx lebt von dieser Zweideutigkeit. Gefragt werden aber muß, ob die marxistische Theorie des Proletariats als des geschichtlich hervorgetretenen wahren Menschen nicht den unabweisbaren Schluß nahelegt, daß mit den ideologischen Formen auch der in ihm sich verzerrt ausdrückende Inhalt selber verschwinden wird.

„Weil die Abstraktion von aller Menschlichkeit, selbst vom Schein der Menschlichkeit im ausgebildeten Proletariat praktisch vollendet ist, weil der Mensch in ihm sich selbst verloren, aber zugleich nicht nur das theoretische Bewußtsein dieses Verlustes gewonnen hat, sondern auch unmittelbar durch die nicht mehr abzuweisende, nicht mehr zu beschönigende, absolut gebieterische Not – den praktischen Ausdruck der Notwendigkeit – zur Empörung gegen diese Unmenschlichkeit gezwungen ist, darum kann und muß das Proletariat sich selbst befreien. Es kann sich aber nicht selbst befreien, ohne seine eigenen Lebensbedingungen aufzuheben. Es kann seine eigenen Lebensbedingungen nicht aufheben, ohne alle unmenschlichen Lebensbedingungen der heutigen Gesellschaft, die sich in seiner Situation zusammenfassen, aufzuheben."[7] Habermas stellt an diese Theorie von Marx, die er als einen Kernpunkt desselben anerkennt, die Frage: „Die Vollendung des Selbstbewußtseins der Menschheit in den Köpfen der erniedrigtsten, ausgehungertsten und dumpfesten Individuen ist fragwürdig: läßt sich die Vernunft in Parolen umsetzen und durch Parolen verwirklichen? Sollte sich nicht das Selbstbewußtsein der Gattung als eine Reaktion gegen die Unwahrheit des Reichtums innerhalb einer ohnehin auf hohes Bewußtsein gespannten Gesellschaft eher herstellen, denn als eine Reaktion gegen die Unwahrheit eines Elends innerhalb einer Klasse, deren körperliche Ausbeutung alle Anstrengungen des Bewußtseins von vorneherein zu einer gesellschaftlich zufälligen macht?"[8] Die Frage ist zwar vernünftig, aber die Abweichung von Marx, die sie empfiehlt, hebt das Zentrum der Marxschen Theorie auf. Denn nicht nur weil das Proletariat ausgehungert und aller Mittel beraubt ist, ist es zum Vollzug der Revolution prädestiniert, sondern weil sich die wirklichkeitslose Wahrheit des Menschseins

---

[7] Karl Marx, Die Frühschriften, S. 318.
[8] Jürgen Habermas, a.a.O. S. 333.

in ihm sozusagen inkarniert hat, ist es zur Revolution berufen. Der Proletarier ist für Marx der wahre Mensch, weil er alle Illusionen über die Wirklichkeit verloren und die bisherige Weltordnung in seiner Existenz sich praktisch aufgelöst hat. Die Beraubung von allem Genuß des von ihm produzierten Reichtums ist selber die gesellschaftlich-praktisch erzeugte Bedingung für die Einsicht in die Notwendigkeit der Revolution. Marx war von dem Wahn der ihm nachfolgenden Intellektuellen, Berufsrevolutionäre und Berufskritiker frei, die glauben, auch nur die Einsicht in die Notwendigkeit fundamentaler gesellschaftlicher Veränderung durch Vermittlung von Theorie erzeugen zu können. Marx hat nicht gefordert, daß die Aufklärung praktisch werden müsse, sondern er geht davon aus, daß sie es in dem Faktum der bloßen Existenz des Proletariats schon geworden sei. Der Nachweis der Nichtigkeit von Religion, Philosophie, Sittlichkeit, politischer Gleichheit, also der sich der emanzipierenden Gewalt der Gesellschaft entgegensetzenden Tradition, ist in der Existenz des Proletariats praktisch durch die Gesellschaft erbracht worden. Marx ist in einem partiellen Sinn Hermeneut eines Resultats geschichtlicher Bewegung, das in der vorliegenden Form von keinem, einem Subjekt, sei es einem individuellen oder kollektiven, zurechenbaren Willen gewollt wurde. Marx sagt, was ist und offenbart ein Stück negativer Dialektik des Geschichtsprozesses. Die List der Vernunft arbeitet, so schien es, nicht mehr im Dienste des Hegelschen Gottes, sondern eher seines Gegenparts. Das hat mit Säkularisation christlicher Eschatologie oder gar mit einem nur metaphysisch begreifbaren Aufstand gegen das Sein, oder mit einem die Geschichte utopisch unter das Gesetz eines Totalentwurfs zwingenden Denken gar nichts zu tun.

Es ist ein Indiz von großer heuristischer Bedeutung, daß sich der Marxismus immer mit der Wiederkehr der von Marx am Proletariat entwickelten Struktur geschichtlich wieder hergestellt und durchgesetzt hat. Wenn das zutrifft, dann kann er, von den durch die Geschichte produzierten Bedingungen seiner Reaktualisierung legitimiert, weder ideologisch noch militärisch mit Erfolg bekämpft werden. Kritikfähig und auch -bedürftig ist vielmehr die sich dann nur noch so nennende marxistische Theorie, die ihn, in der Ablösung von der den Marxismus geschichtlich rational motivierenden Bedingung, zu formulieren versucht, oder die sich dann nur noch so nennenden Formen seiner praktischen Verwirklichung, die zur Bedingung der Aufhebung ökonomischer Entfremdung die terroristische Praxis erheben, durch die erst die von Marx als von der Geschichte geleistet unterstellte Befreiung von allen Gestalten falschen Bewußtseins hergestellt werden soll.

Es muß mit einer gewissen Hartnäckigkeit der Marxsche Entwurf einer revolutionären Praxis mit dem Ziel, die Emanzipation zu vollenden, nachgezeichnet werden, um sich seiner inneren Kohärenz und rationalen Motivation zu vergewissern und um die Konstellation der Probleme umreißen zu können, mit denen sowohl implizite als explizite Marxismuskritik konfrontiert ist. Durch diese Kritik ist kein wesentliches Moment des Marxschen Entwurfes unverändert geblieben, weder die Gleichsetzung von Geschichte mit Geschichte der Emanzipation, noch der Abstrakte Naturbegriff, der Natur auf die Bedingungen vergegenständlichender Praxis beschränkt, noch die Kategorie der Entfremdung in ihrem für Marx essentiell ökonomischen Gehalt, noch die Theorie des Proletariats, noch die Theorie der Revolution und am wenigsten die Theorie kommunistischer Zukunftsgesellschaft und die in ihr eingeschlossene Theorie vom Absterben des Staates und dem Vergehen des Prinzips politischer Herrschaft. Es entbehrt vielmehr nicht einer gewissen Ironie, daß alle diese, die Struktur des Marxismus fundamental verändernden Eingriffe durch den Eindruck provoziert wurden, den man vom Marxismus in der Gestalt seiner versuchten praktischen Verwirklichung empfing. Doch nicht nur die Revision, ja Transformation der marxistischen Theorie ist durch den Versuch seiner praktischen Verwirklichung erzwungen worden, sondern es hat sich das nichtmarxistische Denken durch seine Voraussetzungen in einer Epoche entscheidend bestimmen lassen, in der eben diese Voraussetzungen durch die Geschichte fragwürdig wurden. Es ist also in unserer Kritik der Kritik ebenso die implizite Marxismuskritik einzubeziehen und daraufhin zu befragen, von welchem Begriff von Marxismus sie sich leiten ließ und wieweit sie imstande war, der durch den Marxismus artikulierten und produzierten geschichtlichen Erfahrung gerecht zu werden.

Von grundlegender Bedeutung für Richtung und Problemstellung aller impliziten und expliziten Marxismuskritik wurde aber die Konstellation der Bedingungen, unter denen im Zeitalter nach Marx der Kommunismus gezwungen wurde, revolutionäre Praxis zu verwirklichen. Die bolschewistische Revolution ereignete sich in einem Lande, das den Kapitalismus und damit die emanzipativ bürgerliche Gesellschaft noch nicht in dem Maße entwickelt hatte, wie das die marxistische Theorie für das Gelingen der Revolution voraussetzte. Paradoxerweise konnte es sich nicht um die Aktion der revolutionären Selbstbefreiung des Proletariats handeln, sondern erst um seine Erzeugung. Die Revolution konnte unter diesen Voraussetzungen daher auch nicht die kollektive Handlung desselben sein, sondern mußte sich als Aufgabe für eine verhältnismäßig kleine Gruppe von Berufsrevolutionären stellen. Nicht um die Freisetzung der bereits in der Gesellschaft entwickelten Bedingungen revolutionärer Befreiung konnte es sich handeln, sondern erst um ihre Erzeugung. Wenn sich das Problem einer kommunistischen Veränderung in einem sogenannten unterentwickelten Lande stellt, wiederholt sich in abgewandelter Form die Grundkonstellation der Revolution in Rußland, daß nämlich eben die Bedingungen, die eine Revolution fordern, ihre Verwirklichung im genuinen Sinn des ursprünglichen Gedankens von Marx sie auch gleichzeitig ausschließen.

Daß der Kommunismus in einem industriell vollentwickelten Lande nie eine ernsthafte Chance hatte, ja selbst unter Verhältnissen der Zerstörung eines bereits erreichten Fortschritts der Faschismus eher zum Zuge kam als der Kommunismus, ist das, was zwar im marxistischen Revisionismus als ein beunruhigendes, der Aufklärung bedürftiges Rätsel empfunden wurde, was aber, von Marx selber aus gesehen, nichts Mysteriöses in sich birgt. Erklärungsbedürftig ist vielmehr die Frage, wie unter den so grundlegend von den von Marx angenommenen, abweichenden Bedingungen in der Geschichte des 20. Jahrhunderts das Suchen nach dem ursprünglichen und wahren Sinn des Marxismus solange aktuell bleiben konnte, ja in unseren Tagen es erst wurde. Um die Frage zu beantworten, ist es notwendig, von der größten theoretischen Leistung des marxistischen Gedankens nach Marx, von Lukács' „Geschichte und Klassenbewußtsein“[9] auszugehen.

Georg Lukács

Die wiederholte Revokation seines Werkes durch Lukács selber ändert an der geistesgeschichtlichen Rolle, welche dieses Werk in den Unternehmungen gespielt hat, den Marxismus, trotz der Abschreckung, die von seiner Praxis ausgeht, aktuell und als die Philosophie unserer Epoche erscheinen zu lassen, gar nichts. Worin besteht nun die Leistung dieses Werkes für die Weiterentwicklung des Marxismus und die Durchsetzung seines theoreti-

---

[9] Neuausgabe in der Werk-Edition des Luchterhand-Verlages in Vorbereitung.

schen Anspruchs in der nichtkommunistischen Welt? Ausgangspunkt für Lukács ist die Analyse des Phänomens der Verdinglichung. Die gesamte Neuzeit und ihre Philosophie wird im Zusammenhang der für sie, für alle Formen und Gestalten ihrer Theorie und Praxis konstitutiven Verdinglichung begriffen. Das Proletariat wird von Lukács als das durch die geschichtliche Bewegung der Verdinglichung erzeugte Subjekt ihrer Aufhebung ermittelt. Aber nicht seine ökonomische Lage, nicht seine Stellung im materiellen Produktionsprozeß der Gesellschaft prädestiniert es zu dieser Leistung, sondern seine potentielle Qualifikation, sich eine Theorie der Gesellschaft als Totalität anzueignen. Die Rolle des Proletariats als konkretes Subjekt der Identität von Subjekt und Objekt, von Theorie und Praxis mache es zum Hebel einer Umwälzung der Gesamtgesellschaft. Marxismus ist nicht partikuläre Ideologie einer gesellschaftlichen Gruppe, sondern Theorie der modernen Welt im ganzen, die den Anspruch erheben kann, die dieser Welt immanente Aporetik – sprich Entfremdung – überwinden zu können. Ihr Adressat ist im Grunde für Lukács das bürgerliche Bewußtsein, daß sich im Marxismus aufzuheben gezwungen ist, wenn es sich durch die Aneignung der marxistischen Theorie als das erkennt, was es ist. Verdinglichung ist keine spezifisch marxistische Kategorie, sondern eine das bürgerliche Denken objektiv beherrschende.

Im Ausgang von Marxens Theorie des Warenfetischismus wird das Sein der bürgerlichen Welt als total verdinglicht analysiert. Alles ist in der bürgerlichen Gesellschaft zur Ware geworden. Verdinglichung meint eine Struktur, der alles subjektive und objektive Sein unterworfen ist. Alle menschlichen Verhältnisse haben in der kapitalistisch organisierten Gesellschaft die Gestalt von Dingen angenommen, einschließlich der Verhältnisse der Menschen zur Natur und zu sich selbst. Die menschlichen Verhältnisse haben ihren Vollzugs- und Aktcharakter verloren und sind zu Dingen erstarrt. Das Erbe von Max Weber setzt sich bei dem frühen Lukács durch, insofern Verdinglichung mit Rationalisierung und Entzauberung der Welt gleichgesetzt wird. Europäische Geschichte ist die Geschichte von Entzauberung und Rationalisierung. Alle Bereiche des Menschen und seiner Welt werden einem rationalen Kalkül unterworfen. Das Sein und der Mensch verschwinden in einem sich ständig perfektionierenden Funktionszusammenhang. Das Modell eines industriell kapitalistisch organisierten Betriebes steht stellvertretend für alle anderen Bereiche, zum Beispiel den des Rechtes.

Es wird gerechnet und kalkuliert. Zukunft wird rational voraussehbar und ihr rationaler Vorentwurf wird in der industriellen Produktion eingeholt. Im Recht werden tendenziell alle nichtrationalen Elemente ausgeschaltet. Für Lucács werden in der modernen Welt alle naturwüchsigen Verhältnisse, also die am Modell des Organismus bestimmbare Totalität des Menschen und seiner Welt, zerschlagen und aufgelöst. Die in ihre rational bestimmbaren Elemente aufgelöste Totalität wird dann nach einem ebenso rational kontrollierbaren Entwurf wieder zusammengesetzt, so daß sie nun den Bedingungen ihrer Kalkulierbarkeit genügt. Zugleich werden diese Elemente verschiedenen, sich zueinander heterogen verhaltenden Rationalisierungssystemen unterworfen. In der partikularen Gestalt von Rationalität aber wird und bleibt das Ganze irrational. Der Zusammenhang der Einzelsysteme bleibt ebenso irrational. Rationalität ist unter den Bedingungen bürgerlicher Gesellschaft formale Rationalität. Die rationalen Systeme bleiben dem Inhalt gegenüber fremd, auf den sie angewendet werden. Freiheit geht mit dem konkreten Inhalt der Substrate in der Gestalt ihrer rationalen Beherrschung verloren. Die Kategorie der Verdinglichung wird universal. Mit ihrer Hilfe glaubt Lukács das Sein der bürgerlichen Welt und ihres Bewußtseins bestimmen zu können, in ihr faßt sich die bürgerliche Welt in dem sie bestimmenden Unwesen zusammen. In der bürgerlich-kapitalistischen Welt ist eben alles verdinglicht. Damit geht dem bürgerlichen Bewußtsein die Fähigkeit verloren, Geschichte als Zukunft zu erkennen. Die bürgerliche Welt ist zukunftserblindet und das bedeutet: sie ist der Kategorie des novum nicht mächtig. Das Bürgertum hat die Fähigkeit verloren, Zukunft zu gestalten.

Da es sich hier um die Behauptung von Strukturnotwendigkeiten handelt, die das bürgerliche Bewußtsein beherrschen, bleiben nur zwei Möglichkeiten: 1. Abwarten, bis die Nichtmarxisten aussterben oder 2. Nachhelfen durch Terror oder Krieg. Lukács ist schon in „Geschichte und Klassenbewußtsein" der leninistische Terrorist, als der er sich später zeitweilig zeigte. Lukács bringt, wie ausgeführt, Verdinglichung in Zusammenhang mit Rationalisierung. Vernunft verwandelte sich für das bürgerliche Denken in den Verstand. Vernunft verschwindet in der Funktion, machbare Veränderungen herbeizuführen. In der Bindung an Methode macht Vernunft ihrem Gegenstand sich homogen. Sie vollzieht an der Wirklichkeit eine Abstraktion und unterschlägt sie im Resultat. Wird Vernunft auf ihre Methode ermöglichende Funktion beschränkt, dann wird Wirklichkeit als geschichtliche unerkennbar gemacht, denn nur das methodisch Verifizierbare gilt dann als wirklich. Auf die Erkenntnis der Wirklichkeit im ganzen wird verzichtet. Was aber wird aus der theorieverlassenen Wirklichkeit? Sie wird von irrationalen Kräften in Besitz genommen. Der im Wesen moderner Gesellschaft wurzelnde Faschismus ist damit von Lukács ausgemacht und ermittelt.

Nach Lukács identifiziert neuzeitlich-bürgerliche Philosophie das Erkennbare mit dem Machbaren. Nur das, was ich herstellen kann, kann ich auch erkennen, gefordert ist also Einheit von Theorie und Praxis. An der Herstellung dieser Einheit habe bürgerliche Philosophie laboriert, ohne aber die Forderung auch einlösen zu können. Sie dringe nicht zu einem Subjekt vor, das diese Einheit selber hätte herstellen und vollbringen können. Das Fehlen eines realen Subjektes der Identität von Subjekt und Objekt, von Theorie und Praxis in der kapitalistischen Gesellschaft werde in dem Zwang deutlich, dem das bürgerliche Denken unterliege, das in der Realität vergeblich Gesuchte hypostasieren zu müssen. Die bürgerliche Philosophie erzeuge denkend künstlich ein Subjekt, dem das Vermögen zur postulierten Leistung unterstellt werde: Kants transzendentales Subjekt, Fichtes absolutes Ich, Schillers ästhetisches Ich, Hegels absoluten Geist. In der Form der Hypostasierung werde aber die reale Unlösbarkeit eines Problems auf dem Boden der bürgerlichen Gesellschaft verhüllt, das durch ihre Entwicklung und geschichtliche Ausbildung erst erzeugt worden sei: Die Verwirklichung des Menschen in der unentfremdeten Totalität seines Wesens. Wie können auf dem Boden der Verdinglichung die für das Menschsein des Menschen desperaten Konsequenzen vermieden werden? Wie kann das in der Verdinglichung aufgehobene Menschsein wiederhergestellt werden?

An der Lösung dieses Problems ist die bürgerliche Philosophie und damit die Philosophie überhaupt für Lukács gescheitert. Ihr Scheitern soll an ihr selbst und an dem Zwang zu hypostasierenden Setzungen aufgezeigt werden. Sie unterstelle Fiktionen als reale Gegebenheiten. Aus der objektiven Struktur ihres sich selbst Verstelltseins folge ihr antinomisches Wesen. Hegels Philosophie sei unter den Bedingungen bürgerlicher Gesellschaft die höchste Philosophie, weil sie dialektische Philosophie sei. Die Antithesen werden verflüssigt und das Problem der Genese des gesuchten Subjekts werde als ein nur geschichtlich lösbares erkannt. Aber auch die Hegelsche Philosophie bleibt für Lukács an die Schranken des bürgerlichen Bewußtseins gebunden, weil sie, kraft der Gebundenheit an diese Schranken, ein ungeschichtliches Gesamtsubjekt hypostasieren muß: den absoluten Geist.

Als Beispiel für das, was Lukács als Zwang zur Hypostasierung, dem bürgerliches Denken folge, versteht, stehe hier die Konjunktur des Ästhetischen in der Welt neuzeitlich-wissenschaftlicher Aufklärung. Die Emanzipation des Ästhetischen ist nur als eine Konsequenz von Verdinglichung begreifbar. In der verdinglichten Welt hat die unmittelbare menschliche Subjektivität keinen Ort mehr. Als Organ ihrer Wiederherstellung bildet sie die Ästhetik aus. Für die ästhetisch gemeinte Wiederherstellung der Totalität des Menschen in der modernen Welt muß das ästhetische Subjekt mit der Abspaltung von der Wirklichkeit bezahlen. Die Wirklichkeit wird zwar verdoppelt, aber der Antagonismus nicht aufgehoben. Das ästhetische Subjekt muß den im Schönen gewonnenen Anteil am Ganzen mit seiner realen Ohnmacht bezahlen. Also: Die bürgerliche Gesellschaft und ihre Philosophie sind nicht imstande, den durch die Verdinglichung vernichteten Menschen wiederherzustellen. Erst durch den Marxismus sei das Problem lösbar geworden, denn er habe das gesuchte Subjekt auch wirklich gefunden: das Proletariat. Es braucht nicht mehr länger künstlich denkend erzeugt zu werden, sondern die Bewegung der Geschichte selber habe es hervorgebracht. Wie aber wird nun von Lukács der Vollzug bestimmt, durch den vom Proletariat die Einheit von Theorie und Praxis, von Subjektivität und Objektivität verwirklicht werden soll?

Bei Marx handelt es sich in der Revolution um eine reale gesellschaftlich ökonomische Veränderung. Bei Lukács eignet sich das Proletariat die Theorie des Totalen an und verändert sich eben durch diese Aneignung. Das Proletariat kann das, weil es der unmittelbar zum Ding gewordene Mensch ist. Am Proletarier ist das an sich zur Ware gewordene Menschsein für sich geworden. Die Veränderung des dinglichen Bewußtseins verändert nicht nur dieses, sondern zugleich die Struktur objektiv verdinglichten Seins. Durch das Sichwissen verändert es sich schon. Das Subjekt der unmittelbaren Identität von Subjekt und Objekt ist es auch für dieses geworden. Im Akt der Aneignung von Theorie vollzieht sich schon Verwirklichung von Philosophie als ihre Aufhebung, also keine kollektive Aktion ökonomischer Revolution. Was sich bei Lukács ereignet, ist in der Tat eine spiritualisierende Verflüchtigung des ökonomisch-politischen Gehalts marxistischer Revolutionstheorie. Dieser Kern Lukácsschen Revisionismus muß in der Form einer zusammenfassenden Darstellung noch einmal verdeutlicht werden, weil Lukács der Vater allen nachmarxschen theoretisch ernst zu nehmenden Revisionismus ist.

Die bürgerliche Gesellschaft ist blind für Zukunft und damit für Geschichte im Sinne tendenzkundigen Prozesses. Aber warum muß man eigentlich über die bürgerliche Gesellschaft hinausgehn? Man muß über die bürgerliche Gesellschaft hinausgehen, weil sie durch ständig sich erneuernde Krisen erschüttert und bedroht wird, mit denen sie nicht fertig werden kann. Beides, Zukunftsblindheit und Krisenanfälligkeit, gehört zusammen, da bürgerliches Bewußtsein Gesellschaft als Totalität nicht erkennen kann und daher mit immanenter Notwendigkeit die Kontrolle über die Prozesse verlieren muß, in denen die Geschichte über die Gestalt bürgerlicher Gesellschaft hinaustreibt. Die Geschichte aber hat im Proletariat das Subjekt einer Aufhebung von verdinglichter Gesellschaft hervorgebracht. Warum ist das Proletariat das Subjekt einer möglichen Praxis, die über die Möglichkeiten bürgerlichen Bewußtseins hinausgeht? Warum ist es das von der Geschichte selbst produzierte Subjekt einer möglichen Einheit von Theorie und Praxis? Weil Selbsterkenntnis des Proletariats als Gestalt verdinglichten Menschseins die Veränderung des Erkennenden durch diese Erkenntnis in sich einschließt. Die ökonomisch-politische Revolution wird zurückgedrängt und an ihre Stelle tritt die Aneignung der Theorie des Warenfetischismus durch das Proletariat. Bleibt aber die Struktur objektiver Verdinglichung durch diesen theoretischen Akt unangetastet? Die Zukunftsrolle des Proletariats besteht nur in der Erkenntnis, deren es fähig ist, nämlich der Erkenntnis einer möglichen Einheit von Theorie und Praxis und einer möglichen Erkenntnis der Geschichte als Totalprozeß. Dem Proletariat gehört nach Lukács die Zukunft, weil es das Subjekt einer wahren Erkenntnis der Gesellschaft als Totalität ist. Es erkennt, daß die Formen der Verdinglichung innerhalb der Schranken des bürgerlichen Bewußtseins durch dieses erzeugt werden und Verdinglichung dem bürgerlichen Bewußtsein ein notwendiger Schein ist. Das Proletariat aber macht hinter diesem Schein Gesellschaft als das wahre Subjekt der Geschichte, als Prozeß aus. Was bedeutet aber dann der Anspruch auf Wahrheit? Die Übereinstimmung mit den aktuellen, die Geschichte in ihre wahre Zukunft treibenden Tendenzen ihres Prozesses und seiner wechselnden Konstellation. Entscheidend muß dann die Frage nach dem legitimen Subjekt der Entscheidung und der Interpretation des aktuellen Standes der Revolution und ihrer Möglichkeiten werden. Daß nun das Proletariat als kollektives Subjekt einer solchen Interpretation und Entscheidung nicht fähig ist, ist so einsehbar wie die Notwendigkeit einer Delegation an einen Einzelnen oder an die Führungsgruppe einer Partei. Das Proletariat als Kollektivsubjekt wahrer Erkenntnis des Geschichtsprozesses ist eine reine Substruktion, oder besser gesagt, mindestens ebenso erschlichen, wie das Lukács den Hypostasierungen der bürgerlichen Philosophie vorwirft. Es kommt *Carl Schmitt* das Verdienst zu, den ideologischen Schleier entfernt und die Frage auf ihren politischen Kern und Boden zurückgeführt zu haben, nämlich auf ihre Form: Quis iudicabit? Sie wurde von Lenin und Stalin nach den Regeln *politischer, d. h. hier terroristischer Praxis* entschieden, vor der Lukács, wenn er nicht gerade Unterwerfung von Theorie theoretisch begründete, sich in die Ästhetik rettete.

Lukács begann als bürgerlicher Literaturtheoretiker. Die Grundthese seiner „Theorie des Romans“[10] besagt: Der Roman ist die Kunstform der bürgerlichen Welt und ihrer transzendentalen Obdachlosigkeit. Der Roman deckt diese Obdachlosigkeit auf. Er drückt aus das Nichtsein menschlicher Totalität in der bürgerlichen Gesellschaft. Transzendenz fehlt oder sie wurde formal und leer. Der Roman reflektiert die reale Abwesenheit des Absoluten in der Gesellschaft: die Idee des Menschen überdauert in der Idee des Romans als einer neuen Gattung. Es klingt nur scheinbar paradox, aber der Schluß ist unausweichlich, daß nämlich der Lukács der Theorie des Romans der Substanz marxistischen Geschichtsdenkens und damit der gesellschaftlichen Einsicht in das geschichtlich kontingente Wesen ästhetischer Formen und ihrer Veränderung näher war als der Lukács, der vom bewußt gewählten Standpunkt marxistischer Theorie aus dieser die Ästhetik subsumieren will[11]. Es bedarf keines näheren Nachweises, wie sehr der Begriff des Romans als eines dialektisch vermittelten Ganzen, das sich nur durch Aufnahme des Momentes unverkürzter, die Naivität untergrabender Reflexion verwirklichen kann, der Ästhetik Hegels verpflichtet ist. Die Hegel-

---

[10] Georg Lukács, Die Theorie des Romans (1923), Neuwied [2]1963.

[11] Vgl. Günter Rohrmoser, Literatur und Gesellschaft, in: Literatur und Gesellschaft, Festgabe für Benno von Wiese ed. H. J. Schrimpf, Bonn 1963.

sche Einsicht, wie sehr die in der Moderne ausgebildete Prosa einer Welt entspricht, die er im Kontrast zum heroischen Weltzustand des Epos die gesetzlich befestigte, vom Subjekt unabhängig bestehende objektive Allgemeinheit nannte, liegt dem Entwurf von Lukács zugrunde. Offenbart sich aber durch die drohende Totalität der Entfremdung der ebenso kunstfeindliche wie inhumane Charakter moderner Gesellschaft, dann wird ihre praktische Veränderung mit dem Ziel einer Erneuerung griechischer Daseinstotalität ein unabweisbares Postulat der Kunstphilosophie.

Was ein Blick auf den vormarxistischen Lukács aufschlußreich erscheinen läßt, ist die Erkenntnis, daß die Forderung nach einer revolutionären Herstellung menschlicher Identität in der klassenlosen Gesellschaft der Zukunft, bei Lukács letztlich *ästhetisch* begründet, selbst *romantisch-ästhetischer Natur* ist. Daß die Kunst im Kommunismus, im Gegensatz zu allen anderen überlieferten Formen des objektiven Geistes, so entschieden und erbittert umkämpft wurde, gründet in der Bedeutung der Kunst für die Frage, ob und wieweit der Kommunismus die geschichtliche Verwirklichung menschlicher Totalität wirklich vollzieht. Nachdem alle übrigen geistigen Instanzen unter Ideologieverdacht gestellt und eindeutig dem Überbau zugerechnet wurden, bleibt nur die Kunst als Enthüllung der gesellschaftlichen Wirklichkeit unter der Herrschaft des Kommunismus übrig, um der doktrinären Unterstellung, daß die humane Bestimmung des Menschen im Kommunismus erreicht sei, entgegenzutreten und als selbst ideologischen Charakter zu entlarven. Die Überantwortung bürgerlicher Gesellschaft an das Gericht der Kunst, die sich in utopischer Bewahrung des menschlichen Sinnes der Welt als Heimat gegen die Realität wendet, schlägt auf die marxistische Ästhetik zurück. Niemandem ist dieser Sachverhalt klarer zum Bewußtsein gekommen als Georg Lukács, der aus der Ersetzung des marxistisch-dialektischen Begriffs einer geschichtlich sich vermittelnden und verwirklichenden Totalität durch die Leninistische Theorie der Widerspiegelung einer unabhängig vom erkennenden Subjekt existierenden Außenwelt entschlossen die Konsequenzen gezogen hat.

Der Marxismus wird in der Form geschichtlicher Praxis nicht mehr als die reale transzendentale Ermöglichung von Kunst verstanden, sondern als die Ermöglichung des Fortschritts in ihrer Erkenntnis. Die Position der Kunst als Platzhalterin humaner Vollendung, des utopischen Ideals bruchloser, unentzweiter, glückvoll gelingender Weltlichkeit dankt ab zugunsten ihrer Funktion, die extensive Unendlichkeit geschehener Geschichte intensiv im Bilde zu spiegeln. Kunst als Material geschichtsphilosophischen, das Ganze in den Begriff zwingenden Entwurfes muß sich dem Willen des mehr an Dilthey als an Hegel erinnernden Programms des Historismus fügen. Hatte der geschichtsphilosophisch theologische, am Modell griechischer Kunst gewonnene Ansatz der Theorie des Romans es Lukács ermöglicht, die Notwendigkeit und Positivität der dialektischen Auflösung und Zersetzung des organischen Kunstideals in der modernen Welt zu begreifen, so muß die Kunst nun parieren. Die reaktionäre Tendenz der Lukácsschen Ästhetik – reaktionär auch im Verhältnis zum ursprünglich Marxschen Gedanken – spricht sich nicht nur in einseitig doktrinärer Betrachtung der nachklassischen Kunst, sondern auch in dem Bestreben aus, eine an traditionaler Kunst abgelesene Form zum Kanon zu erheben. Diente ihm dazu in der Theorie des Romans das griechische Epos, so nun die Ästhetik und Kunst der deutschen Klassik. Die hier in der Kunst aufgegangene Bestimmung des in seiner Totalität sich erfüllenden menschlichen Seins soll als das Erbe bürgerlicher Kultur in die kommunistische Zukunftsgesellschaft, als das in ihr sich verwirklichende Ziel einer humanisierten gesellschaftlichen Praxis eingebracht werden. Die Übernahme der marxistischen Geschichtserkenntnis dient Lukács als Schlüssel zur Beantwortung der Frage, warum die in der bürgerlichen Kunst antizipierte humane Bestimmung utopisch bleiben mußte und warum erst durch die kommunistisch inspirierte Praxis die Bedingungen für ihre Verwirklichung gegeben sind. Durch diese Problemstellung soll dem bürgerlichen Bewußtsein die ideologische Kapitulation in der Einsicht aufgezwungen werden, daß eine verbindliche Tradition der höchsten Güter bürgerlicher Kultur nur durch den Übergang zum Marxismus möglich ist. Es wird suggeriert, daß die Annahme des Marxismus eine fast automatisch eintretende Folge geschichtlicher Selbsterkenntnis sei.

Spannend ist es, zu beobachten, wie sich bei Lukács die apologetischen Bemühungen eines zum Feind übergelaufenen Bürgers, dessen Herkunft aus der von ihm zum Untergang verurteilten Kultur unverkennbar ist, wenn auch vielleicht unbewußt, mit der strategischen Gesinnung eines im Leninismus geschulten Streiters im ideologischen Kampf der Klassen verbindet. Lukács wendet sich von der Ästhetik ab, als er glaubte, im Marxismus, in der Gestalt des Proletariats ein Subjekt realer Verwirklichung menschlicher Totalität gefunden zu haben, und er wendet sich ihr wieder zu, als es zweifelhaft wurde, daß die Geschichte unter den Herrschaftsbedingungen des Kommunismus sich in der postulierten Richtung bewege. In seinem letzten großen Werk, „Die Eigenart des Ästhetischen", scheint Lukács wieder an seinem Ausgangspunkt, der Ästhetik, angelangt zu sein. An die Stelle von Marx ist Lenin und seine Theorie der Widerspiegelung getreten. Diese Theorie mit ihrem trivialen Grundsatz, daß es eine bewußtseinsunabhängige Außenwelt gibt, will Lukács ontologisch legitimieren. Das Ziel der Geschichte besteht in einem Prozeß approximativer Annäherung an eine die Außenwelt in ihrer intensiven Unendlichkeit spiegelnde Erkenntnis. Die Tradition moderner ästhetischer Subjektivität muß eliminiert werden.

In einem gewissen Sinn ist der Marxismus durch den späten Lukács bei einem durch Dilthey und Gehlen modifizierten Auguste Comte gelandet. Das letzte Stadium der Geschichte ist das Stadium einer optimalen Adäquation an die Außenwelt. Der Marxismus kehrt zum alten Ladenhüter bürgerlichen Zerfalls, dem Positivismus, zurück. Was der alte Lukács, der von avantgardistischer neomarxistischer Theorie geschmäht und barbarischen Umgangs mit der in der aufgezwungenen Emigration entwöhnten deutschen Sprache geziehen wird, dieser Kritik voraus hat, ist die unmittelbare Erfahrung kommunistischer Herrschaft und die Erfahrung des Scheiterns eines Versuches, sich ihrer zu entledigen. Aber warum wird die Ästhetik zum Asyl enttäuschter Hoffnung? Wie das gesellschaftliche Bewußtsein ist nach Lukács auch das ästhetische eine Form der Widerspiegelung. Aber im ästhetischen Spiegel begegnet die Welt nicht als die entfremdete, sondern als die human versöhnte. Subjekt und Objekt, Theorie und Praxis, die in der Realität kommunistisch revolutionierter Gesellschaft augenscheinlich nicht zusammenkommen konnten, versöhnen sich im ästhetischen Schein. Der Standpunkt der Schillerschen Ästhetik ist unüberwunden und hat sich, allen Anstrengungen zum Trotz, ihr die Gestalt einer realen Versöhnung zu geben, unverkürzt wieder durchgesetzt. Eine merkwürdige Bilanz eines ein halbes Jahrhundert währenden Kampfes um die reale Verwirklichung des Kommunismus: heraus kommt die Ästhetik als der Ort der Versöhnung und über die Wirklichkeit herrscht ein mehr an Comte als an Marx erinnerndes Erkenntnisideal. Auch gemessen an der durch gegenwärtige Kunst reflektierten Erfahrung erweist sich Lukács als Hüter und Bewahrer bürgerlicher Kultur des 19. Jahrhunderts.

Ernst Bloch

Das Denken *Ernst Blochs,* der neben Lukács größten Gestalt expliziter Marxismuskritik und im Vergleich zu Lukács auch bedeutend wirksameren, soll in unserem Zusammenhang unter der vor allem in der „Erbschaft dieser Zeit"[12] entfalteten Dialektik von geschichtlich gleichzeitiger Ungleichzeitigkeit behandelt werden, weil dieser Gesichtspunkt in der nun schon schwer überschaubaren Literatur zur Philosophie von Bloch ungebührlich vernachlässigt worden ist. Was hat es nun mit dieser von Marx so nicht bedachten Gestalt von Dialektik auf sich: „Das objektiv Ungleichzeitige ist das zur Gegenwart Ferne und Fremde; es umgreift also untergehende Reste wie vor allem unaufgearbeitete Vergangenheit, die kapitalistisch noch nicht ‚aufgehoben' ist. Der subjektiv ungleichzeitige Widerspruch aktiviert diesen objektiv ungleichzeitigen, so daß beide Widersprüche zusammenkommen, der rebellisch schiefe der gestauten Wut und der objektiv fremde des übergebliebenen Seins und Bewußtseins. Hier sind Elemente alter Gesellschaft und ihrer relativen Ordnung und Erfüllung in der jetzigen ungeordneten, und der subjektiv ungleichzeitige Widerspruch belebt diese Elemente negativ wie positiv überraschend. Haus, Boden, Volk sind solche objektiv unaufgehobenen Widersprüche des Überkommenen zum kapitalistischen Jetzt, worin sie wachsend zerstört und nicht ersetzt worden sind. Sie sind Widersprüche des Überkommenen zum kapitalistischen Jetzt und Elemente alter Gesellschaft, welche noch nicht gestorben sind: sie sind sogar in ihrem Ursprung Widersprüche gewesen, nämlich zu den vergangenen Formen, welche die gemeinten Inhalte vom Haus, Boden, Volk doch nie ganz realisiert haben ... Niemals aber wäre der subjektiv ungleichzeitige Widerspruch so scharf, der objektiv ungleichzeitige so sichtbar, bestünde kein objektiv gleichzeitiger, nämlich der in und mit dem heutigen Kapitalismus selbst gesetzte und wachsende" (S. 117, Erbschaft dieser Zeit, Frankfurt 1962).

Bloch hat das Phänomen des Nationalsozialismus theoretisch ernster genommen als die meisten Marxisten. Die Erfahrung mit dem Nationalsozialismus wird ihm zum Anstoß einer Kritik an Marx, da es den Nationalsozialismus nach der Marxschen Geschichts- und Zukunftsperspektive eigentlich gar nicht hätte geben dürfen. Daher die Verlegenheit marxistischer Theorie, die

---

[12] Ernst Bloch, Erbschaft dieser Zeit, Frankfurt a. M. 1962.

den Faschismus nur als ein Verfallsphänomen bürgerlicher Gesellschaft und als Reflex der Transformation des Kapitalismus zum Imperialismus zu interpretieren vermag. Bloch sieht hier eine entscheidende Schwäche des Marxismus: dieser mache es sich zu leicht, und Bloch wird es fraglich, ob eine nur auf ökonomische Ursachen abstellende Geschichtstheorie überhaupt in der Lage ist, zu begreifen, was hier begriffen werden möchte. Was den Faschismus stark macht, ist nicht die Widerstandskraft des Kapitalismus gegen seine drohende kommunistische Liquidation allein, sondern es steht im Faschismus etwas gegen den Lauf der Geschichte auf, was durch ihn und auch durch den bürgerlichen Kapitalismus nicht erledigt ist. Es handelt sich um einen Protest der Geschichte selber gegen Entwicklungen, die ihrem realen Stand nicht entsprechen. Der Aufstand gegen die Geschichte als Fortschritt wird nach Bloch durch den Marxismus partiell berechtigt, weil er zu abstrakt ist, um wirklich alle ihre Kräfte und Tendenzen umgreifen und ihnen gerecht werden zu können. Nicht nur politisch, sondern auch ideologisch ist der Marxismus dem Faschismus nicht gewachsen, weil sein Anspruch, die Philosophie weltgeschichtlicher Gegenwart zu sein, durch ihn fragwürdig wird.

Für Bloch gibt es einen der Geschichte gleichzeitigen und einen ungleichzeitigen Widerspruch. Der der Geschichte gleichzeitige Widerspruch wird im Proletariat unter Führung der kommunistischen Partei manifest. Sie verkörpert und repräsentiert das Subjekt, das ihr konform ist. Im Faschismus jedoch meldet sich auch ein Widerspruch gegen die Gegenwart, aber nicht der Widerspruch der möglichen Gesellschaft der Zukunft, sondern der Widerspruch der Vergangenheit gegen die Gegenwart. In der Gestalt des Faschismus rebelliert die in der Gegenwart noch nicht aufgehobene Vergangenheit gegen diese. Es melden sich die soziologischen Gruppen und Schichten, die in der marxistischen Theorie sozusagen ortlos geblieben sind: Angestellte, Kleinbürger, die Bauern und die Jugend. Es meldet sich nicht die kommunistische Zukunft, sondern die Macht der Vergangenheit: Volk, Boden, Reich und Führer. Es sind Formen der Evokation, in denen ein Sein unangemessen und verzerrt opponiert gegen seine Verneinung durch die Gegenwart. Es melden sich Strukturen, die zum Sein des Menschen gehören und dieses in seiner Geschichtlichkeit mitausmachenden Definition, wie Bodenständigkeit, die Nation, das Volk, das heißt: eine Gemeinschaft als Form menschlichen Zusammenhangs, in welchem der

Mensch sich zum andern eben nicht verhält wie zu einem andern. Die Theorie von Tönnies klingt an, der Gedanke einer Gemeinschaft, in welcher gesellschaftliche Funktionalität durch eine Gebundenheit der Menschen in ihrem Wesen ersetzt werden soll. In dem für Bloch so zentralen Gedanken des Reiches meldet sich religiöses Erbe, Verlangen nach überschwenglicher Erfüllung, Reich Gottes als gelungene Herstellung der Welt als Heimat. In ihr, der Welt als Heimat, verhält sich der Mensch, stets auch drohender Geschichte entronnen, zu sich selbst, zum andern und zur Natur wie zu einem Eigenen: aufgehobene Entfremdung in Subjekt und Objekt zugleich. Das mag phantastisch sein, aber alle diese Gedanken, die zum Zentrum des Blochschen Denkens gehören, sind bedingt durch seine Erfahrung mit ihrer im Faschismus nur verzerrt erscheinenden und durch ihn ausgebeuteten Kraft, in der nicht Zukunft, sondern Vergangenheit gegen kapitalistische Gegenwart rebelliert. Für Bloch hat der Marxismus schon bei Marx für wesentliche ontologische und anthropologische Bestimmungen keinen Ort.

Bei Bloch dämmert ein Bewußtsein darüber, wie sehr der Marxismus bedingt und abhängig ist von dem, wogegen er sich wendet. Wesentliche Strukturen menschlicher Geschichtlichkeit fallen sowohl in der liberalistischen wie marxistischen Theorie aus. Was aber in der Theorie geleugnet wird, ist in der Wirklichkeit nichtsdestoweniger vorhanden. Der Kommunismus hat zum Beispiel für seine Blindheit den nationalen Traditionen gegenüber schwer bezahlen müssen, und dies nicht nur durch den Sieg des Faschismus in Westeuropa, nicht nur duch die Notwendigkeit, in einer Situation äußerster Gefahr im Kriege an die eigenen russischen Überlieferungen appellieren zu müssen, sondern er wird durch den Zerfall politischer Einheit gegenwärtig bedroht, weil ein nationaler Weg kommunistischer Verwirklichung gefordert wird. Es wird vom Marxismus nicht anerkannt, daß, allen expansiven, weltweiten Tendenzen emanzipativer Gesellschaft zum Trotz, die Nation eine die Abstraktheit des gesellschaftlichen Prozesses kompensierende, wenn auch letztlich ohnmächtige Funktion zu erfüllen hat. Es gibt doch zu denken, daß selbst in unseren Tagen für die Wiederbelebung des Nationalismus die Völker bereit sind, einen Preis zu zahlen, von dem sich die politischen Ökonomen nichts träumen lassen. Daß ortlos gewordene, abstrakt negierte Vergangenheit im Faschismus blind gegen die Gegenwart opponierte, ist von Bloch im Prinzip richtig gesehen worden. Nicht potentielle Zukunft steht auf, sondern der verlassene Ursprung gegen die Gegenwart. Es ist der große, aber vergebliche Versuch von *Paul Tillich* in seiner „Sozialistischen Entscheidung" gemacht worden, die abstrakte Entgegensetzung von Ursprung und Zukunft auf dem Boden einer aus dem Geist alttestamentarischer Prophetie entwickelten Geschichtsphilosophie im Zeichen der Kategorie des Kairos zu überwinden. Hielt Tillich eine Versöhnung zwischen den beiden durch eine prophetische Kritik ihres absoluten Anspruchs entsagenden Antagonisten im entscheidungsgeladenen Augenblick für möglich, so kam es Bloch darauf an, die durch den Faschismus pervertierte Wahrheit unabgegoltener Geschichte für den Marxismus zu retten und sie marxistisch umzufunktionalisieren.

Das geht aber nicht ohne wesentliche Eingriffe und Korrekturen des kanonisierenden Bestandes überkommener marxistischer Theorie! Eine marxistische Kritik, die Bloch abstrakt am orthodoxen Marxismus oder an den Maßstäben einer auf den heutigen Stand gebrachten Dialektik der Aufklärung mißt und den realgeschichtlichen Anlaß seines Denkens nicht berücksichtigt, wird ihm nicht gerecht. Die Versäumnisse Blochs, die allerdings nicht zufällig sind, liegen für unseren Gesichtspunkt an einer anderen Stelle. Daß der Marxismus uns bei Bloch in einer qualitativ neuen, darum nicht weniger befremdlichen Gestalt entgegentritt, ist nicht zu leugnen. Bloch verwandelt den Marxismus als revolutionäre Theorie zurück oder weiter in eine Ontologie des Nochnichtseins. Bloch versteht sich als Metaphysiker, als Begründer einer qualitativ neuen Metaphysik. Das hat aber Konsequenzen für die Anthropologie, für die Theorie der Natur und Geschichte und vor allem für die Theorie der Gegenwart. Das von Marx gesehene, aber mit Ernst nicht bedachte Problem einer Erziehung des Erziehers rückt für Bloch ins Zentrum. Wie sollte die Aufhebung der Schranken der bürgerlichen Gesellschaft als solche schon die Verwirklichung des Menschen in seinem Menschsein bedeuten können? Die anthropologische Reduktion des Menschen auf den Arbeiter genügt nicht. Der Mensch muß, nach Bloch, mehr sein. Was ist das, was den Menschen zu überholender Veränderung seiner Welt treibt?[13] Genügt der Hinweis auf das bloße Vermögen? Grund der Nötigung, verändern zu wollen, liegt für Bloch in der Natur des Menschen. Bloch redet wieder von der Wesensnatur. Freuds Theorie des Unbewußten wird aufgenommen und umfunktiona-

[13] Ernst Bloch, Das Prinzip Hoffnung, 2 Bde., Frankfurt a. M. 1959.

lisiert. Bei Freud wehrt sich die Vergangenheit gegen ihre Verdrängung durch die Gegenwart. Das Verdrängte ist als solches gegenwärtig. Bei Bloch meldet sich das Vergangene als das Noch-nicht der Zukunft. Im Dunkel des gelebten Augenblicks steckt der Mensch als der, der sich noch nicht hat. Die romantische Naturphilosophie wird in den Marxismus hereingenommen. Habermas nennt Bloch einen marxistischen Schelling. Der Geschichtsprozeß ist bei Bloch einbehalten von einer in ihm treibenden Natur, Geschichte wird sozusagen in der Chiffrensprache der Natur gelesen, sie wird damit auf Natur hin mediatisiert.

Das hat ebenso Konsequenzen für den Marxschen Begriff der Arbeit. Hinter dem Arbeitsbegriff der modernen Nationalökonomie wie in dem des Fichteschen Idealismus verbirgt sich eine unter der Herrschaft mechanistischen Denkens unerlöste Natur. In der Technik und Industrie treibt Natur noch unerlöst durch abstrakt emanzipative gesellschaftliche Befreiung. Der Mensch aber soll dynamische Natur verwirklichen. Der abstrakt quantitative Begriff von Natur soll einen dynamisch qualitativen vermittelnd in sich aufnehmen. Der Begriff der Materie soll im Sinne Aristotelisch-Averroistischer Tradition uminterpretiert werden. Blochs Philosophie will Ontologie sein. Nicht um Marxismus in Gestalt einer letzten Philosophie oder gar um die Aufhebung von Philosophie überhaupt geht es Bloch, sondern um eine neue Gestalt der Philosophie als prima philosophia. Blochs Anspruch geht auf eine neue Metaphysik, ein Anspruch, der in der üblich gewordenen Zuordnung seines Denkens zu einer Form säkularisierter Eschatologie, mystisch-utopischen Messianismus zu wenig beachtet wird. Die Verwirklichung neuer Metaphysik eignet sich die marxistische Kritik der alten in modifizierter Form an. Diese verfällt dem Verdikt, anamnetisch gewesen zu sein, sie unterlag, nach Bloch, dem Bann erinnernden Eingedenkens ins immer schon gewesene Sein, in ihr war kein Platz für Hoffnung. Sie war blind für Zukunft. Das Noch-nicht des Seins wurde zugunsten des Immer-schon-geworden-seins unterschlagen. Blochs Philosophie begreift sich als Ausfüllung des Nochnicht, als docta spes. Er entdeckt Zukunft in dem Sein, das an der emanzipativen Gesellschaft vergangen ist, zum Beispiel in Religion, Dichtung, Kunst usw. Als Telos des Natur als unerlöste einbegreifenden Geschichtsprozesses wird die Herstellung der Welt als Heimat ausgemacht, das Zueinanderwerden von Subjekt und Objekt, Aufhebung der Entfremdung als gelungene Identität von Subjekt und Objekt. Aus der Marxschen Angabe des Kommunismus als Ziel des nächsten Schrittes werden überschwengliche Konsequenzen gezogen. Die Marxsche Zurückhaltung in der Bestimmung des Endzustandes wird entschlossen preisgegeben. Indem die Geschichte in ihr Telos gelangt, kommt das zur Erfüllung und seiner Verwirklichung, was unabgegolten im Prozeß der Geschichte die in ihr treibende Macht war. Blochs Atheismus ist militant, weil er fromm ist. In sein Denken geht die Gottesdefinition der Metaphysik ein als Identität von Wesen und Existenz. Es ist also ein Mißverständnis, Bloch in einem Heidegger-analogen Sinne um eine Überwindung der Metaphysik bemüht zu sehen. Das, was unter dem Inkognito Gottes geglaubt wurde, rückt vom Anfang an das Ende des Geschichtsprozesses als wirklich gewordenes Reich. Die Hypostasierung wird aufgehoben, aber der Projektionsraum bleibt nicht leer, sondern ist als das gelichtete Dunkel des gelebten Augenblicks im Zielzustand der Geschichte als erfüllt gemeint.

Berechtigt ist die Frage, was das alles noch mit Marx zu tun habe. Bloch verhält sich zum Marxismus rein instrumental. Marxismus bezeichnet bei Bloch in seiner Entstehung den Ort, an dem Methode entdeckt, der Weg gefunden wurde, das nur geträumte bessere Sein nun auch geschichtlich ins Werk setzen und mit der Natur vermitteln zu können. Unmißverständlich deutet Bloch den marxistischen Ideologiebegriff als falsche Präsenz der Wahrheit. Nichts soll in Zukunft von dem verlorengehen, was vor allem in der Bibel und der Metaphysik an Hoffnung auf unentfremdete Verwirklichung des Seins der Welt und des Menschen aufging. Marxismus ist vermittelnde, das vom realen Leben Abgespaltene in unverkürzte Gegenwart übersetzende Praxis. War aber bei Marx der im Proletariat erzeugte wahre Mensch ohne Wirklichkeit, so ist der Proletarier bei Bloch zwar wirklich, aber noch nicht Inkarnation der Wahrheit. Das Proletariat ist nur das mögliche Subjekt der Verwirklichung einer Wahrheit, deren es selbst noch bedürftig ist. Die Erziehung des Erziehers soll die durch die Geschichte noch nicht als geleistet unterstellte Erzeugung eines Subjekts befreiender Praxis möglich machen. Dazu ist Philosophie in einem neuen Sinne notwendig und Bloch bietet sie in seinem „Prinzip Hoffnung“ an. Auch im Protest gegen Hegels Dialektik des Kreises, die alles als im Anfang schon enthalten behaupten muß, was am Ende der Geschichte heraustritt und so nicht die Produktion eines qualitativen Novums durch die Geschichte zu denken vermöge, so muß doch auch

Bloch an der virtuellen Identität von Ursprung und Telos festhalten, sonst wäre Metaphysik des Nochnichtseins ebensowenig möglich, wie die Begründung eines Antriebs zur immer auch enttäuschbaren Hoffnung. Auch wenn Genesis vom Anfang an das Ende rückt, so muß sie doch auf Potentialitäten im Subjekt und Objekt auftreffen können, wenn sie nicht als eine Parthenogenese gedacht werden soll. Der Anfang des Prozesses der Herstellung von Welt als Heimat wird von Bloch als in jedem Jetzt möglich gedacht. In jedem Augenblick, wenn auch im Dunkel des Augenblicks gärt noch ungeschiedene Fülle trächtiger Möglichkeiten, ringt das Nochnichtgewordensein gelingender Heimkehr sich von allem bloß Gewordenen frei, wenn die intendierende Spontaneität des Subjekts auf eine sich ihr nach vorn öffnende Dynamik der Natur auftrifft.

Das bei Marx noch offengebliebene Problem einer definitiven Bestimmung des Ziels der Geschichte wird von Bloch aufgenommen. Das zum ändernden Eingriff berufene Subjekt wird von Bloch qualitativ anders gedeutet als von Marx. Und die in dem vermittelnden Prozeß gesellschaftlicher Arbeit zurückgehaltene und unterdrückte Natur wird neu bestimmt und freigesetzt. Die Revolution tritt bei Bloch in den Dienst der Verwirklichung von Bestimmungen, die über den Zusammenhang der als Gesellschaft gedachten Geschichte hinausweisen. Der gesellschaftlich-ökonomischen Veränderung in den Besitzverhältnissen an den ökonomischen Produktionsmitteln wird nur noch der Rang einer bloßen Bedingung zuerkannt. Im Rückgang auf den dunklen Grund von Natur im Menschen wird sein Angelegtsein auf Herstellung einer Totalität sichtbar gemacht, die alle bloß ökonomischen Veränderungen, so wichtig sie als Voraussetzungen sein mögen, unendlich übersteigt. Geschichte wird, wie schon Habermas anmerkte[14], zur Erzeugungs- und Entbindungsgeschichte der der Natur und den Menschen innewohnenden Potentialitäten.

Die Freisetzung der in der industriell technisch beherrschten, unterdrückten, qualitativ dynamischen Natur, also die Akzentuierung der Marxschen Forderung der Resurrektion der Natur in der Form ihrer Humanisierung durch die Aufnahme romantischer Naturphilosophie bei Bloch, ist ein philosophisch ebenso gewichtiges Motiv, wie es schwer vorstellbar ist, daß fortgeschrittene Industriegesellschaften anders als nach dem Prinzip

---

[14] Jürgen Habermas, Theorie und Praxis, Ein marxistischer Schelling (S. 336ff.).

von Naturbeherrschung verfahren könnten. Bloch versteht sich als Marxist, weil er den Marxismus als die unerläßliche Bedingung begreift, unter der die Utopie einer besseren Welt nun nicht mehr bloß geträumt zu werden braucht. Indem er aber den Marxismus nur als die Bedingung und nicht als den Entwurf revolutionärer Praxis auf dem Boden einer konkreten empirischen Gesellschaftsanalyse ökonomisch politischer Art unter den Verhältnissen und Bedingungen der Gegenwart begreift, besteht hier in der Tat die Gefahr einer Mystifikation.

Es ist verständlich, daß Bloch, solange es nur eben vertretbar war, den Kommunismus auch unter Stalin als auf dem Wege zu seiner Verwirklichung propagierte. Doch diese Unterstellung ist unhaltbar geworden, mindestens ist es uneinsichtig, wie die Herstellung der Welt als Heimat in der kontinuierlichen Verlängerung der Perspektiven stalinistischer Herrschaftspraxis hätte liegen können. Kann aber Praxis als Herstellung einer unmittelbaren und unentfremdeten Einheit von Welt und Mensch nicht mehr als schon geschichtlich gegeben vorausgesetzt werden, dann fällt die in der Blochschen Philosophie sich durchhaltende transzendentale Frage, wie sie angesichts wirklicher Veränderung im Ganzen des Seins denkbar sei, ins Bodenlose. Denn der Begriff der Veränderung als solcher ist zu weit und unbestimmt und der revolutionär marxistische ist zu eng und zu spezifisch, um das leisten zu können, was ihm im Denken Blochs zugemutet wird. Er unterstellt mehr, als er mit gutem Gewissen darf, vorausgesetzt, daß nach dem Begriff marxistischer Geschichtsanalyse die Erfahrungen des 20. Jahrhunderts nicht übersehen und unterschlagen werden dürfen, wenn es um die Neubegründung des Marxismus für die Gegenwart geht. Die Dominanz der Kategorie des Utopischen ist ja selber, wie sublim immer sie umgedeutet werden mag, eher ein Zeichen für die Rückverwandlung des Marxismus aus Wissenschaft in Utopie als das Gegenteil. Gegenwart fällt nicht nur ontologisch, sondern leider auch realsoziologisch und politisch bei Bloch aus. Zwischen Ursprung und Telos versinkt sie, in einem anderen Sinne als Bloch will, ins Dunkle. Die Gewalt des Bestehenden hat sich gegen den Glauben einer möglichen Verwirklichung der Utopie einer Welt als Heimat gekehrt. Die einzige bei Bloch zugelassene Alternative einer möglichen totalen Katastrophe läßt die enttäuschte Hoffnung ohne Trost und vermag sie auch schwerlich so zu aktivieren, wie sich das Bloch vom Ausmalen eines Endes in Schrecken erhofft. Die Frage, wie die Entwicklung des Kommunismus und sein Umschlag in totalitäre Herrschaft marxistisch begriffen werden kann, wird von Bloch so nicht gestellt und auch nicht beantwortet.

Es ist das Verdienst von *Herbert Marcuse*, sie in seinem Buch „Der sowjetische Marxismus"[15] gestellt und ihre Beantwortung versucht zu haben. Die Ideologisierung der als Theorie der Befreiung gemeinten Lehre des Marxismus kann ja, auch nach den Kriterien von Marx selber, nur schwer bestritten werden. Als Ideologie ist sie in einem so ausschließlichen und eindeutigen Sinne zu einem Instrument von Herrschaft geworden, wie das für die traditionalen politischen Ordnungen nur selten, und dann in vorrevolutionären Zuständen zutraf. Marxistische Ideologie hat im sowjetischen Kommunismus die Funktion zu erfüllen, ein unabhängig von der realen Praxis der Gesellschaft bestehendes Subjekt der Herrschaft zu legitimieren. Sie legitimiert die Herrschaft eines partikularen Subjekts über die Gesellschaft als Ganzes. Hinzu kommt zweitens die Erfüllung einer integrierenden Funktion. Die in ihre Elemente aufgelöste Gesellschaft, und zwar durch die Revolution aufgelöste Gesellschaft, muß so weit integriert werden, daß der Wille der Herrschenden von den Beherrschten, also der ihnen fremde Wille, als eigener betrachtet werden kann. Drittens schließlich dient die Ideologie der Legitimation der Art und Struktur, wie Herrschaft ausgeübt und vollzogen wird. Sie erfüllt hier sogar eine gewisse positive Funktion, indem sie nämlich regulierend und limitierend auf das Herrschaftssubjekt zurückwirkt. Die durch den Marxismus produzierte Realität steht im Widerspruch zu den Voraussetzungen und den Zielen einer Theorie, die sie zu verwirklichen beansprucht. Das methodisch höchst bedeutsame Ziel von Marcuse besteht nun darin, die Nichtverwirklichung des genuinen Marxismus im sowjetischen Kommunismus selber noch marxistisch zu begreifen. Er geht von der Verwandlung marxistischer Theorie in eine Ideologie etablierter Herrschaft aus. Diese Verwandlung soll nun erklärt werden. Marcuse gibt für sie im wesentlichen drei Gründe an:

1. Der Versuch der Verwirklichung des Marxismus mußte unter Bedingungen gemacht werden, die mit den zur Verwirklichung von ihm selber geforderten nicht identisch waren.

---

[15] Herbert Marcuse, Die Gesellschaftslehre des sowjetischen Marxismus, Neuwied 1964.

2. Entgegen der wahrscheinlich genuin marxistischen Annahme mußte der Kommunismus sich in einem industriell zurückgebliebenen Lande verwirklichen, in welchem weder der Kapitalismus noch eine rechtsstaatliche Demokratie entwikkelt waren.

3. Der Kommunismus mußte verwirklicht werden, und das ist für Marcuse entscheidend, unter den Bedingungen einer ständig anhaltenden Auseinandersetzung mit einer dem Kommunismus feindlichen Umwelt.

Der Zwang zur Selbstbehauptung eines kommunistischen Landes gegen eine es bedrohende und feindliche Umwelt führte dann zur Ausbildung der Strukturen, die ihn in seiner gegenwärtigen Verfassung kennzeichnen. Schritte in Richtung auf die Verwirklichung des Marxismus als einer Praxis der Befreiung und nicht der Unterdrückung sind also nur dann möglich, wenn dieser politisch militärische Antagonismus beseitigt oder doch ganz erheblich entspannt wird. Entweder wird die Bedrohung von außen aufgehoben, vielleicht durch Unterwerfung der nichtkommunistischen Welt durch die kommunistische, oder es gelingt doch mindestens der nichtkommunistischen, den kommunistischen Herrschern das Gefühl zu nehmen, bedroht zu werden. Die Nichtverwirklichung im Marxismus ist also für Marcuse eine Funktion gegenwärtiger weltpolitischer Konstellation. Die sowjetische Ideologie ist aber nicht nur falsch, sondern die falsche Praxis einer Wahrheit, an die Praxis als ihrem ihr innewohnenden Kriterium auch noch in der Abweichung so lange gebunden bleibt, solange der Kommunismus sie nicht auch offen preisgibt. In aller Verkehrung ist potentiell enthalten ein Moment von Verwirklichung, das über den jeweilig erreichten Stand der Dinge hinaustreibt. Eine endgültige Versteinerung unterdrückender Herrschaft ist nach Marcuse so lange ausgeschlossen, als die Fahne kommunistischer Endverheißungen aufgerichtet bleibt, auch dann, wenn man ihr nur in quälend-ritualisierter Form die Reverenz erweist, wie einst Geßlers Hut.

Es ist offenbar, daß Marcuses Lösung dieses tödlichen Konfliktes, nach dem nämlich Befreiung totale Unterdrückung produzieren muß, wenn die Konstellation gegenwärtiger Bedingungen sich nicht ändert, auf eine Korrektur der Politik der Westmächte gegenüber der Sowjetunion zielt. Wie aber eine Lockerung des Drucks zu einem freiwilligen Abbau totalitärer Herrschaftsstrukturen führen könnte, ist dann um so schwerer nachzuvollziehen, wenn hinreichende Gründe für die Annahme nicht vorliegen, die Technokraten der Sowjetunion verhielten sich zu ihrer „Weltanschauung" wie Sorel zu seinem Mythos. Die Liberalisierung in der Ökonomie schließt eine Perfektionierung politischer Herrschaft ja nicht nur nicht aus, sondern kann sogar dazu geeignet sein, sie zu befestigen. Die nur ökonomisch definierte Wurzel des Interesses an Freiheit fällt weg, wenn die ökonomischen Bedürfnisse mehr und besser befriedigt werden. Es ist ja denkbar, daß im Osten wie im Westen das Interesse an Freiheit mit den Intellektuellen überlebt, zu deren Existenzbedingungen sie gehört, wenn man einmal von ihrer Korrumpierbarkeit absieht, von der ja nicht nur die Erfahrung des Nazismus zeugt. Auch unter den Bedingungen des Kommunismus hat sich das Interesse an Freiheit und diese selber nur in der Form der Abweichung vom Marxismus zu artikulieren vermocht. Die Kunst ist hier die offene Wunde. Sie würde sich, wenn sie dem sozialistischen Realismus gehorchte, selber aufgeben. Es kommt daher der Frage, wie sich der intellektuelle Widerstand gegen die Verfälschung des Marxismus durch den Stalinismus und unter anderen Formen kommunistischer Herrschaft artikulierte, einige Bedeutung zu.

Leszek Kołakowski

Es ist überhaupt offen, welche reale Bedeutung jener revisionistischen Entwicklung der marxistischen Theorie für den Ausgang des geschichtlichen Experiments ihrer Verwirklichung zukommt, die nicht die leibhafte Erfahrung in sich aufgenommen und verarbeitet hat, welche nur die direkte Teilnahme an diesem Experiment, sei es als Subjekt oder Opfer, zu vermitteln vermag. Am Denken von *Kołakowski*[16] kann man zeigen, welche Möglichkeiten eine innermarxistische Opposition gegen die institutionelle Verfestigung und Verkehrung von Freiheit in Unterdrückung hat. Denn es ist der Ausgangspunkt von Kołakowski, daß er den Stalinismus als institutionelle Herrschaftsideologie interpretiert. Die Konsequenzen, die Kołakowski aus der Aufgabe, eine Wiederkehr des Stalinismus zu verhindern, zieht, gehen so weit, daß es weder überraschend noch ganz unverständlich ist, wenn er in jüngster Zeit aus der kommunistischen Partei

[16] Leszek Kołakowski, Der Mensch ohne Alternative, München 1960.

ausgeschlossen wurde. Was sich bei Kołakowski abzuzeichnen beginnt, ist nicht weniger als die Wiederherstellung der für die westeuropäische Aufklärung im 18. Jahrhundert spezifischen Konstellation. Die vom Marxismus erreichte und geforderte Vollendung der Emanzipation fällt bei Kołakowski auf ein in der Perspektive des Marxismus überholtes oder doch für überwunden erklärtes Stadium zurück. Dieser Rückfall in die theoretischen Voraussetzungen des Aufklärungsdenkens reflektiert aber nur die Erfahrung, die der Gedanke mit der Gestalt stalinistischer Gewalt gemacht hat, die ja auch strukturell stärker an die vorrevolutionären Verhältnisse unter dem ancien régime erinnerte als an den Marsch in die Zukunft. Die Aufgabe, wie sie Kołakowski bestimmt, besteht in der Auflösung der Herrschaft begründenden und legitimierenden, sich von der Praxis entfernenden und befestigenden Ideologie durch Kritik. Es soll also versucht werden, eine geschichtliche Veränderung zu erreichen durch intellektuell-theoretische Aufklärung über die nichttheoretischen oder einer solchen Rechtfertigung nicht fähigen Voraussetzungen einer bestimmten herrschenden Ideologie, in diesem Falle also des Stalinismus.

Um seine Forderung aber erfüllen zu können, muß Kołakowski den eher an den Neukantianismus als an Marx erinnernden Hiatus zwischen Sein und Sollen wiederherstellen. Warum? Die marxistische Geschichtsphilosophie und ihre stalinistische Anwendung müssen partiell destruiert werden, weil die durch sie unterstellte Einsicht in den gesetzmäßigen Ablauf der Geschichte dazu mißbraucht wurde, Verbrechen als moralische Handlungen zu legitimieren und zu sanktionieren. Die Handlungen seien, so wurde behauptet, notwendig gewesen für den Fortschritt der Geschichte und diese habe immer recht. Es kommt Kołakowski darauf an, die moralische Verantwortlichkeit des einzelnen Individuums wieder zu begründen. Die pragmatische Nützlichkeit einer Doktrin solle und müsse streng von der Frage nach ihrem Wahrheitsgehalt geschieden werden. Kołakowski ist durchaus bereit, pragmatischen Notwendigkeiten auch von Herrschaft beim Aufbau des Kommunismus Rechnung zu tragen, aber Praxis soll nicht länger a priori der Ort inkarnierter Wahrheit sein. Es ist klar, daß dieses Ziel nur durch eine grundlegende Neuinterpretation des Sinnes sozialistischer Theorie und Praxis wie ihres Zusammenhanges erreicht werden kann. Der Sozialismus muß dann als ein besonderes System von an gesellschaftliche Praxis gebundenen Werten verstanden werden, die an sich gültig sind und von sich aus den Anspruch auf Verwirklichung an den sich zu ihnen bekennenden einzelnen stellen. Der Marxismus reduziert sich unter dieser Voraussetzung im wesentlichen auf eine Methode soziologischer Analyse, die subsidiär im Zusammenhang der Verwirklichung eines realen gesellschaftlichen Humanismus angewendet werden soll. Die Werte selber sind aber die der Aufklärung: Würde und Autonomie. Jedes Mittel, das nicht mit ihnen übereinstimmt, kann und darf kein Mittel sozialistischer Verwirklichung sein. Die revisionistischen Züge des Denkens von Kołakowski sind unübersehbar. Die den Stalinismus tragende Gleichsetzung von realkommunistischem Fortschritt und notwendigem Ablauf der Geschichte wird aufgehoben. Der Marxismus wird qualitativ verändert. Er wird zu einem Inbegriff seinsollender Werte als Quintessenz realen Humanismus. Ihnen hat sich das einzelne Individuum zu unterstellen und marxistisch humanitäres Handeln ist ein solches, das auch in der Wahl seiner Mittel durch sie legitimiert werden kann. In der Erneuerung des vom Neukantianismus ausgehenden Revisionismus wird mit der Preisgabe von Dialektik der Marxismus als Theorie der begriffenen Geschichte aufgegeben. Die in der postulierten Einheit des Individuums mit seiner gesellschaftlichen Gattungsnatur als bürgerlich ausgegebene Trennung von Sein und Sollen wird von *Kołakowski* wiedergewonnen und der einzelne tritt als Träger zurechenbaren moralischen Handelns wieder hervor. Die verdrängte Subjektivität meldet sich und artikuliert Fragen, an welchen auch der orthodoxe Marxismus, wie das Beispiel von Adam Schaff zeigt, nicht einfach vorübergehen kann. Eine Vervollständigung und Konkretion marxistischer Anthropologie soll ihnen begegnen.

Jean-Paul Sartre

Die Frage nach dem *Sinn des Lebens,* von der man wähnte, daß sie mit dem Untergang der bürgerlichen Kultur ihre Bedeutung verloren hätte, gewinnt eine neue Dringlichkeit. Die Auseinandersetzung mit dem Existentialismus und zum Teil auch seine Rezeption erscheinen als unvermeidbar. *Jean-Paul Sartre* bietet sich als Gesprächspartner und Gegenspieler selbst an. Die Begegnung von Marxismus und Existentialismus wirkt zunächst überraschend, weil beide ja von ihrem Prinzip her einander ausschließen. Im Existentialismus geht es in erster Linie um das Problem der Subjektivität in der modernen Welt, daß aber die Frage nach der Subjektivität unter kommunistischen Bedingungen wieder aktuell werden konnte, ist selber schon ein Indiz unaufgehobener Entfremdung. Der Existentialismus begreift sich als eine Gegenbewegung gegen die in allen modernen Industriegesellschaften sich abzeichnenden Entwicklungen und drückt den Zerfall der traditionellen Herkunftswelten aus, die sich in ihnen auflösen. Diese Auflösung wird als Verlust des Bodens, als Einbruch totaler Negativität erfahren. „Der Boden unter unseren Füßen versinkt" (Jaspers). In der vermittlungslosen, weil jeden Haltes an substantieller Tradition entbehrenden Rebellion gegen Verdinglichung soll diese durch individuelles Engagement überwunden werden. Was den Existentialismus in seiner ihm eigenen Intention vom Marxismus grundlegend unterscheidet, ist sein als Vermittlungslosigkeit apostrophierter ungeschichtlicher Charakter. Seine Rede von der Geschichtlichkeit ist in sich abstrakt. Der Existentialismus ontologisiert historische Bedingungen und will die in ihnen und durch sie aufgehobene Ontologie wiederherstellen. Kontingent-Geschichtliches wird pseudoontologisch hypostasiert zu einem unveränderlichen An-sich.

Trotz dieses Unterschiedes im Ausgangspunkt hat sich Sartre, aus Gründen, die hier nicht erörtert werden können, dem Marxismus nicht nur genähert, er hat sich zum Marxismus bekehrt[17]. Beide stimmen nun darin überein, Entfremdung als Verdinglichung und als geschichtlich geworden zu begreifen. Beiden ist auch das Ziel gemeinsam: Verdinglichung aufzuheben. Für den Existentialismus des späten Sartre aber ist, im Gegensatz zum Marxismus, das Subjekt der Aufhebung, der Einzelne, das Individuum. Sartre geht zunächst von der kartesischen Voraussetzung des Bewußtseins und später von der *individuellen Praxis* aus. Unverändert bleibt seine Ontologie des Menschen: die These von seiner Wesenslosigkeit. Er ist, was er nicht ist, und er ist nicht, was er ist. Er ist sein eigener Entwurf auf Zukunft hin, das heißt, er gewinnt sich, indem er sich selbst und seine Situation ständig überschreitet. Als der Erfinder seiner selbst entreißt er sich ständig seinem je schon Gewordensein, seiner Vergangenheit. Es ist kein Zufall, daß Sartre in seinen Romanen und Dramen als die konkrete politische und gesellschaftliche Gestalt der Tat der Negativität, in der der Mensch allein ist, das *Verbre-*

[17] Jean-Paul Sartre, Critique de la Raison dialectique, Paris 1960, daraus deutsch „Existentialismus und Marxismus", Reinbek 1964.

chen ausgemacht hat. Der *Anarchismus*, das perennierende Abstoßen vom bloß Gegebenen, bei gleichzeitigem Eingeständnis der Vergeblichkeit, dieses radikal und total los werden zu können, ist dem Sartreschen Denken immanent. Kein Wunder also, daß sich der etablierte und organisierte Kommunismus gegen Sartres Existentialismus mit allen Mitteln, selbst denen persönlicher Diffamierung, gewehrt hat.

Auch der sich an den Marxismus anschließende Sartre fordert diesen noch durch eine radikale Kritik heraus. Denn nur an sich ist der Marxismus die einzige zeitgenössische Philosophie, die „beanspruchen kann, ihr und ihren Erscheinungen und Problemen gewachsen zu sein". Die Bedingungen, die den Marxismus in seinem geschichtlichen Ursprung notwendig machen, sind unverändert auch die unserer geschichtlichen Gegenwart. Nur der Marxismus selber ist nicht mehr auf seiner eigenen Höhe und damit hinter den wahren Bedürfnissen unserer Zeit zurückgeblieben, denen er andererseits, nach Sartre, einzig und allein zu entsprechen vermöchte. Marxismus ist zur *Ideologie* geworden, *zu einem Dogma erstarrt*, er ist realitätsblind und damit im Sinne seiner eigenen Versprechungen, nämlich eine Praxis der Umwälzung und Befreiung zu sein, untüchtig geworden und hat versagt. Warum? Das ist eine Frage, die nicht mit dem Marxismus selber, sondern nur durch einen Marxismus beantwortet werden kann, der die Dimension existentialistischer Erfahrung der Subjektivität in sich aufgenommen hat, wenn auch nur vorübergehend und bis er durch Sartre reformiert worden ist. Für Sartre ist der Marxismus, genuin verstanden, ein sich ewigem Transzendieren einfügender Entwurf, eine bestimmte historisch und soziologisch auszumachende Situation zu überschreiten und bleibt damit an diese ihn provozierende Situation gebunden.

Sartre will den Marxismus von seinen eigenen existentialistischen Voraussetzungen her aus der Sackgasse herausführen, in die er sich verrannte. Erst der durch den Existentialismus restituierte Marxismus gewinnt seine verlorene Aktualität zurück, erst der Existentialismus vermag seinen verlorenen revolutionären Elan zu erneuern.

Es ist ebenso verräterisch wie bezeichnend für die Situation des Marxismus in unserer Zeit, daß Sartre das *Modell spontanen, revolutionären Handelns* an dem Fall des Anfangs der Französischen Revolution gewinnt. Wie entsteht eine zum revolutionären Handeln bereite und fähige Gruppe? Eine unmittelbar als bedrohend erfahrene *Situation* provoziert den spontan sich vollziehenden Zusammenschluß mehrerer Individuen zu dem Unternehmen, sie zu überschreiten. Akt der Konstitution revolutionär spontaner Gruppe ist der Treue-Schwur, das heißt, jeder räumt jedem das Recht ein, den zu töten, der die Gruppe verläßt oder verrät. Der Terror abstrakter Brüderlichkeit wird von Sartre – Robespierre erneuernd – unverhüllt ausgesprochen. Da der Elan der Revolution nur im Vollzug des Überschreitens alles Gegebenen sich verwirklicht und die terroristische Gruppe in der für sie konstitutionellen Gefahr steht, in die von Sartre sogenannte Serialität zurückzufallen, bedarf es der sich ständig erneuernden Anstrengung, die revolutionäre Ausgangssituation immer wieder herzustellen. Die Erneuerung des Marxismus durch Sartre läuft auf das *Programm der permanenten Revolution* hinaus. Die Revolution muß permanent sein, weil Aufhebung von Verdinglichung von Sartre aus ontologischen Gründen als prinzipiell unmöglich und, über den Vollzug revolutionärer Aktion hinaus, als prinzipiell unerreichbar gedacht wird. Ist es aber unmöglich, Verdinglichung aufzuheben, dann muß Revolution in den Zustand ihrer Permanenz übergehen. Dann ist das Gesetz der Geschichte die ewig sich von neuem herstellende Revolution gegen die ewige Entfremdung.

Das Marxsche Ziel einer Vollendung der Geschichte, oder doch das der Aufhebung bisheriger Vorgeschichte, rückt bei Sartre in das fahle Licht einer schlechten Unendlichkeit. Warum aber ist für Sartre Entfremdung unaufhebbar? Denn es nimmt, wie wir sehen, der Marxismus seine ganze geschichtliche Dynamik aus dem Versprechen, daß sie durch ihn, den Marxismus und seine revolutionär praktische Verwirklichung aufgehoben und überwunden werden könne. Für Sartre ist die Unaufhebbarkeit von Entfremdung in dem kontingenten, nur hinzunehmenden Faktum des Mangels begründet. Die sich in der Befriedigung potenzierende und ins Unendliche differenzierende menschliche Bedürfnisstruktur verhält sich prinzipiell negativ zum objektiven Bestand der Welt der Dinge. Sartre erneuert eine These neuzeitlicher, bereits bei Hobbes formulierter Anthropologie, die einer bestehenden und unüberwindbaren Inkongruenz unendlicher Bedürftigkeit des Menschen und der endlichen Begrenztheit der Mittel, sie zu befriedigen. Die menschliche Intentionalität, die den Hobbesschen Satz begründet erscheinen läßt, daß im Unterschied zum Tier den Menschen schon der zukünftige Hunger hungrig mache, wird bei Sartre zu einem Grundaxiom negativer Ontologie erhoben. Wenn das menschliche Sein Negativität ist, nämlich inkompatibel mit dem Sein der Dinge dazu verurteilt ist, doch wollen zu müssen, selbst wie diese zu sein – also wollen zu müssen, was man nicht kann –, dann ist die *Permanenz des Mangels die Bedingung der Plausibilität* eben dieser Ontologie. Marx will die Ontologie aufheben, Sartre stellt sie wieder her als Ontologie der Negativität. Die Ontologisierung des Mangels bei Sartre schließt die Möglichkeit aus, die aus einer Gesellschaft materiellen Überflusses sich ergebenden Möglichkeiten und auch Notwendigkeiten zu begreifen. Die Welt materiellen Überflusses wird von Sartre als *grundsätzlich unerreichbar hingestellt.* Die Behauptung der Kontingenz und die gleichzeitige These der Unüberwindbarkeit von Kontingenz schlägt auf das Sartresche Denken zurück. Bewahrt doch die marxistische Theorie im Begriff der Gesellschaft als Geschichte ihre Stärke durch die Einsicht, daß alles, was geschichtlich geworden ist, auch geschichtlich vergehen kann, ein Satz, ohne den auch konservatives Denken in unserer Welt nicht mehr auskommen kann.

Es stellt sich daher die Frage der Notwendigkeit einer negativen Ontologie für Sartre. Ihre Beantwortung ist unlösbar mit der Sartreschen Dezision für den Atheismus verknüpft, so wie der Atheismus, als Negation einer möglichen Erfüllung und Vollendung, die These der Unüberwindbarkeit des Mangels bedingt. Der Mangel als Konstitutivum einer Ontologie des Menschen führt dazu, die Revolution in Permanenz zu begründen. Gott darf es nicht geben um einer möglichen Verwirklichung des Menschen willen, daß aber die Verwirklichung des Menschen die Annahme der Existenz Gottes mit Notwendigkeit ausschließt, ist ebenso von Sartres negativer Ontologie bedingt, wie sie dazu dient, den Atheismus zu begründen. Auch für den sich dem Marxismus assimilierenden Sartre bleibt der Mensch die nutzlose Leidenschaft, als die zu sein er schon dem bürgerlichen Existentialismus des frühen Sartre erschien.

Sartres „Kritik der dialektischen Vernunft“ sollte den Entwurf einer strukturellen und geschichtlichen Anthropologie denkbar und durchsichtig machen, sie sollte den Marxismus als die *einzige Theorie* erscheinen lassen, *die es erlaube, Geschichte, ohne Hypostasen theologischen Charakters, zu begreifen.* Sartre erhob schließlich den Anspruch zu leisten, woran traditionelle, idealistische und materialistische Philosophie scheiterte, nämlich an der Aufgabe, *qualitativ* Neues *als Produkt der Geschichte* zu denken. Wenn man aber Sartres reformierten Marxismus an seinem eigenen Begriff mißt, so ist er gescheitert: denn qualitativ Neues kann es ja, wenigstens prinzipiell und in einem alles bisherige Sein in einem neuen Sein aufhebenden Sinne, nicht geben. Was sich nach Sartre in der Geschichte auch noch durch die sich revolutionär gegen sie wendende revolutionäre Praxis durchsetzt, ist die permanente Katastrophe und die permanente, nach den Kriterien des Marxismus, sinnlose revolutionäre Anstrengung, gegen sie anzugehen. Was sich als ein Angebot darstellte, gegenwärtigem Marxismus aus seiner Verlegenheit zu helfen, führt zu dem Nachweis, daß diese Verlegenheit der Geschichte, ja der condition humaine essentiell innewohnt. Die *Rechtfertigung der Gewalt* durch Sartre besteht darin, sie als so sinnlos und nutzlos zu erweisen, wie sie in ihrer blanken Faktizität auch geschichtlich erscheint.

Der Differenz zwischen Sartre und seinem Freunde *Merleau-Ponty* kommt eine allgemeine Bedeutung zu, weil sie sich an der Rolle der Gewalt in der Geschichte entzündete. Merleau-Ponty hat in „Humanisme et Terreur“[18] die Gewalt, den Terror im Kommunismus mit dem Argument zu rechtfertigen versucht, daß er ja im Marxismus seine eigene Abschaffung zum Ziele habe. Terror und Terror sind danach nicht dasselbe. Terror zur Verteidigung und Verfestigung inhumaner Verhältnisse ist qualitativ anders zu bewerten als ein Terror, der mit dem Ziel ihrer Beseitigung eingesetzt wird. Der rote Terror ist gut, der weiße Terror ist schlecht. Es war die Entdeckung der Existenz von Konzentrationslagern in der Sowejtunion, die Merleau die Augen darüber öffnete, daß es einen Grad der Unvereinbarkeit zwischen Mittel und Zweck gibt, der den Zweck selber desavouiert. Merleaus Rückzug auf die Forderung, daß man also gegen die Inhumanität kämpfen müsse, wo immer sie auftrete, mag zwar human sein, aber es ist der Humanismus alten Stils, das heißt, des bloßen Protestes gegen die Gewalt. Der Streit, der Sartre von Merleau trennte, ist einer um das Wesen der Politik und nicht eine Frage der Anthropologie und ihres Verhältnisses zur Geschichte. Wir sahen schon, daß sich im Zeichen einer Auseinandersetzung des Marxismus mit dem Existentialismus eine Aktualisierung der anthropologischen Fragestellung anbahnte. Grundsätzlich ist von der Feststellung auszugehen, daß jeder Versuch, den Marxismus von der Anthropologie her zu begründen, zu kritisieren oder gar

---

[18] Maurice Merleau-Ponty, Humanisme et Terreur, Paris 1947; deutsch: Frankfurt a.M. 1966.

ihn zu überholen, hinter Marx auf Feuerbach zurückfällt und alle von Marx gegen Feuerbach entwickelten Argumente herausfordert.

1. Anthropologie verfährt prinzipiell ungeschichtlich und ist nicht in der Lage, einen Begriff von Geschichte zu entwickeln, der es ermöglicht, sie als Geschichte zu begreifen oder gar in sie verändernd einzugreifen.
2. Anthropologie fixiert Entfremdung, indem sie zu einem Konstituens menschlichen Seins erhoben wird.
3. Anthropologie unterliegt einem ihr immanenten Zwang, geschichtlich gewordene und vermittelte Subjektivität zu funktionalisieren und tendenziell zum Verschwinden zu bringen.
4. Der Aufstieg der Anthropologie zur ersten Philosophie ist die vielleicht geschichtlich wirksamste Gestalt impliziter Marxismuskritik.

Arnold Gehlen

Der hier gemeinte Zusammenhang ist bei *Gehlen* am deutlichsten, aber trifft, wenn auch eingeschränkt, für *Plessner* zu. Grundkategorie für Plessner ist die Kategorie der Exzentrizität. Der Selbstvollzug des Menschen ist bestimmt durch eine Verdoppelung, daher notwendige Selbstentfremdung. Der Mensch vollzieht sein Sein und steht gleichzeitig innerhalb und außerhalb seines Vollzuges. Er muß sich die Mitte erst erstellen, auf deren Grund er stehen kann. Der Mensch ist das sich selbst herstellende Wesen: in diesem Satz stimmt gegenwärtige Anthropologie mit dem Marxismus überein. Im Unterschied zum Marxismus aber wird in gegenwärtiger Anthropologie ein Modell vorausgesetzt, bzw. ihr zugrunde gelegt, das nur rein funktional bestimmbar ist. Die spezifischen, das menschliche Sein ausmachenden Züge und Momente werden auf dem Wege eines abhebenden Vergleichs vom Tier gewonnen. Doch das Maß, an dem Gelingen des Menschseins gemessen wird, ist das reine Funktionieren. Die Konvergenz von Anthropologie und Kybernetik ist begründet im Modell sich selbst regulierender Erhaltung. Gegenwärtige Anthropologie ist implizite Marxismuskritik, weil sie den geschichtlichen Zukunftshorizont einer die Entfremdung überwindenden Erfüllung preisgibt. Der Gedanke eines Geschichtszieles geht verloren. Die Preisgabe der Telos-Kategorie führt aber zu einer Sanktionierung der Strukturen einer die transzendentale Subjektivität verneinenden Praxis, die an der Erhaltung von allem interessiert ist, was bloß ist. In der nun folgenden Interpretation Gehlens[19], dessen Theorie durch die Berücksichtigung, die sie im gegenwärtigen Marxismus findet – siehe Lukács und Harich –, eine erhöhte Bedeutung zukommt, soll der Schwerpunkt auf den für sie zentralen Zusammenhang von Subjektivität und Selbsterhaltung gelegt werden. Die These, daß Subjektivität überhaupt als etwas Krankhaftes und der Geist, der sich als eigener behaupten will, als bloßes Zersetzungsprodukt zu werten sei, hat Gehlen schon zu einer Zeit vertreten, als unsere Gesellschaft noch nicht so fortgeschritten war[20].

In der im Jahre 1931 erschienenen Habilitationsschrift „Wirklicher und unwirklicher Geist“, einer Untersuchung in der Methode absoluter Phänomenologie, hat Gehlen den Gang der Reflexion beschrieben, welcher in ihm die Überzeugung befestigte, von der er nicht mehr abweichen sollte, daß die Unwirklichkeit des nur vorstellenden und sich nicht in Handlungen realisierenden Geistes offenkundig und nur eine Philosophie vertretbar sei, „die sich im Empirischen und jederzeit Gegebenen hält“. Es ist sehr zu bedauern, daß diese für die Genesis von Gehlens Denken außerordentlich aufschlußreiche Schrift so wenig Beachtung fand und die ungewöhnliche Konsequenz, mit der Gehlen seinem Ansatz treu blieb, oft nicht bemerkt wurde. Viele Mißverständnisse wären nicht entstanden, hätte man mit Aufmerksamkeit gelesen, was hier auf der ersten Seite steht: „Religion und Metaphysik haben die Motivationskraft verloren“, und man wäre darüber belehrt gewesen, was von der Prognose zu halten ist, die Gehlen der Religion in seiner größeren Veröffentlichung, „Die Seele im technischen Zeitalter“, stellt: „Das Abstraktwerden der Künste und Wissenschaften bedeutet umgekehrt die Stabilisierung der Religion auf dem eigentlichen Bereiche der Weltanschauung. Für sie sind also die neuen Künste noch in einem besonderen Doppelsinne ‚gegenstandslos‘, und die Kirchen können sich ihrer mit der selben Unbefangenheit bedienen wie des Fernsehens, des Radios und Telefons.“[21]

Ablehnung wie Zulassung der Religion unterliegen also bei Gehlen dem unverändert beibehaltenen Kriterium des pragmati-

---

[19] Arnold Gehlen, Der Mensch, Berlin 1940; ders., Urmensch und Spätkultur, Bonn 1956.

[20] Die Ausführungen über Gehlen folgen meiner Rezension unter dem Titel „Subjektivität und Selbsterhaltung“, in: Hochland, 51. Jg., April 1959.

[21] Arnold Gehlen, Die Seele im technischen Zeitalter, Hamburg 1957, S. 28.

schen Wahrheitsbegriffs. Im einen Fall wird sie wegen mangelnder Motivationskraft abgewiesen, im andern zugelassen, weil die Wissenschaft und die Kunst abstrakt und esoterisch geworden seien und sich des Einflusses auf die Massen kraft einer immanenten Logik der Entwicklung selbst beraubt hätten. Die Religion habe so die Chance, das entstandene Vakuum zu besetzen und als weltanschauliches Orientierungs-, als moralisches Führungs- und Zuchtsystem stabilisierend auf die orientierungslos gewordenen Massen zu wirken. Es kann hier nur vermutet werden, daß Gehlen durch seinen Versuch, die Religion mit dem Argument zu rehabilitieren, es sei gut, daß es sie in einer von der Anarchie der zerfallenden Subjektivität bedrohten Gesellschaft gebe, einer weit verbreiteten Mentalität entgegenkommt. Eine genauere Analyse der kirchlich-öffentlichen Praxis und ihrer theoretischen Begründungen könnte sehr wohl zeigen, in welchem Maß die pragmatische Rechtfertigung der Wahrheit fast zu einer selbstverständlichen Voraussetzung unseres Bewußtseins geworden ist. Was diese Einstellung für das Verhältnis zur Wahrheit selbst bedeutet und was sie alles impliziert, kann eine Auseinandersetzung mit Gehlen zeigen und macht diese unumgänglich.

Gehlen hat nie verhehlt, daß er die größte Gefahr für den Bestand jeder und damit auch der gegenwärtigen Gesellschaft im Subjekt sieht, insofern es nicht bereit ist, sich von den Institutionen „konsumieren“ zu lassen. Er scheint auch damit nur an eine Wahrheit zu erinnern, die heute recht häufig vergessen wird; in der allgemeinen Ablehnung, der etwa Hegels Lehre vom objektiven Geist begegnet, kommt das sehr prägnant zum Ausdruck. So nachdrücklich aber in Gehlens Soziologie sich das Subjekt darauf befragen lassen muß, welche Realität seinen Vorstellungen entspricht, und so schnöde es „zur Ordnung“ gerufen wird, wenn es sich nicht als durch das „Objektive“ gedeckt ausweisen kann, so sehr vermißt man eine gleich strenge Beurteilung der Institutionen. Sie weisen sich offensichtlich schon dadurch aus, daß sie funktionieren, und das heißt, daß sie eine die Gesellschaft integrierende und stabilisierende Kraft entfalten. Man wird weder den Institutionen der faschistischen noch denen der kommunistischen Gesellschaft absprechen wollen, daß sie funktionieren oder funktioniert haben; die katholische Kirche aber ist am meisten durch jene diskreditiert worden, die zwar nicht an Christus glaubten, sie jedoch um ihrer Kunst willen, als Institution die Jahrhunderte zu überdauern und die Gesellschaft zu stabilisieren, rückhaltlos bewunderten. An die französischen Traditionalisten im achtzehnten, den Comteschen Positivismus im neunzehnten Jahrhundert und an die Action française sei in diesem Zusammenhang nur erinnert. Auch in der Gegenwart ist die Neigung noch nicht überwunden, auf den Bereich der religiösen und geistigen Wahrheiten pragmatische Kategorien anzuwenden. Durch die Zustimmung zu einer sozialen und anthropologischen Apologetik wird aber das Christentum zu einer Ideologie unter anderen, die außerstande ist, den Kampf mit den politischen Ideologien unserer Zeit aufzunehmen – er ist verloren, noch ehe er begonnen hat. Der eigentliche Gegner ist heute jene Gesinnung, welche Wahrheit nur funktional und pragmatisch zu begreifen vermag. Deshalb müssen vor allem die Voraussetzungen und Funktion des Wahrheitsbegriffes, der hier im Spiel ist, geklärt werden.

Gehlen hat seinen Kritikern, die seiner Aussage über das Wesen des Menschen entgegenhielten, daß eine philosophische Anthropologie nur im Rahmen einer Ontologie möglich sei, geantwortet, „daß es kein sicheres Kriterium dafür gebe, welche Gestaltungen des Geistes sich eine metaphysische Bedeutung bloß anmaßen und welche sie haben". Im übrigen nimmt er den Standpunkt ein, wenn jemand die von ihm gewählten Hypothesen aus metaphysischen Gründen verwerfe, folge für ihn daraus nicht einmal die Verpflichtung zur Diskussion, „weil wir ja nur eine Wissenschaft von Menschen wollen, nicht aber Einwirkung auf Überzeugung anderer". Hier ist mit wünschenswerter Deutlichkeit ausgesprochen, daß die *rationale positivistische Wissenschaft* für Gehlen die *einzige Instanz* darstellt, die berechtigt ist, Aussagen über die Wirklichkeit zu machen. Metaphysik hat es demgegenüber nur mit Überzeugungen von rein subjektiver Geltung zu tun, ist also eine Ideologie. *Was* aber *ist Wirklichkeit* und *was bedeutet Wissenschaft?* Wissenschaft ist der Zusammenhang von Aussagen, die sich als Tatsachen verifizieren lassen, und als Tatsache gilt das, was sich geeignet erweist, methodisch verifiziert zu werden. Philosophisch will Gehlens Anthropologie der Versuch sein, „mit dem Material dieser Einzelwissenschaft und über ihre Grenzen hinweg Aussagen über den Menschen als ganzen zu machen, und zwar selbst wieder empirisch-wissenschaftliche Aussagen" (8). Es ist klar, daß diese Art von Aussagen, die den Menschen als ein Ganzes betreffen, selbst nicht mehr im strengen Sinn wissenschaftlich verifizierbar ist und ihre Überzeugungskraft von einer anderen Instanz als der Einzelwissenschaft empfängt. Das Kriterium, dem sie unterliegen, ist denkökonomischer, pragmatischer Art: Sie vereinigen Hypothesen inhaltlich verschiedener Struktur funktional auf solche Weise, daß das vom Forscher gesetzte Ziel eines in sich stimmigen und möglichst aus einem Prinzip zu begreifenden Zusammenhangs erreicht wird. „Das hier skizzierte Verfahren, das wir gleich bis in die Technik der Problemstellungen hinein kennenlernen werden, kann nicht ‚positivistisch' genannt werden, es ist vielmehr ein Spezialfall jedes praktischen Verfahrens, nämlich ein ‚erkenntnispraktisches'" (8). Das Verfahren, in welchem Wahrheit als pragmatische erwiesen werden soll, wird also bereits selbst nach dem pragmatischen Wahrheitsbegriff beurteilt. Eine Wahrheit, die den selbst gesetzten Kriterien nicht zu genügen imstande ist, gilt a priori als verdächtig, bloß subjektiv und damit als irreal. Die Entscheidung für diese und keine anderen Kriterien geht damit für Gehlen seinen anthropologischen und soziologischen Forschungen sowohl zeitlich wie sachlich voraus. Das auch heute noch interessante Dokument, in welchem Gehlen sich selbst Rechenschaft gibt über die Gründe, die ihn bei seiner Wahl leiteten, ist die oben erwähnte Schrift über den wirklichen und unwirklichen Geist.

Um das Ergebnis vorwegzunehmen: auch hier wird die Entscheidung für die pragmatischen Wahrheitskriterien nicht aus der Sache selbst vernunftgemäß begründet. Denn die Feststellung, daß Metaphysik und Religion ihre Motivationskraft verloren haben, sagt nichts über das Recht und die Notwendigkeit aus, mit der sie diese verloren haben, sondern stellt lediglich ein Faktum fest. Wenn es an einer anderen Stelle heißt: „Ich behaupte, daß die Grundthesen des Idealismus und des Spiritualismus heute in echtem Sinne von Verstehen *unverstehbar geworden sind*" (7), dann ist auch hier der *pragmatische Wahrheitsbegriff bereits vorausgesetzt, der festlegt, was in echtem Sinne Verstehen heißt und was nicht.* Die Art, wie *Diltheys* Theorie des Verstehens in dieser Schrift *abgewiesen* wird, da sie das verstehende Subjekt introvertiere und ästhetisiere, schließt die Annahme aus, daß hier eine andere Auslegung des Verstehens gemeint sei. Gehlen hat einfach die Hypothesen satt, und er weiß auch warum: „Der Geist eines vom unmittelbaren Leben abgeschnürten Individuums reflektiert in ihnen über die verborgene Realität, und wir vermögen heute einem solchen Geiste nichts mehr zu glauben, sondern für uns, begierig, unser Leben wiederherzustellen, sind *nur die aus der Handlung erwachsenen Erkenntnisse verbindlich*" (179–180). Das in dieser Formulierung ziemlich unbestimmt bleibende „Wir" ist heute leichter zu identifizieren, denn „unsere Idee heißt *Gemeinschaft*" (196). Und wenn wir in derselben Schrift noch erfahren, „daß es in tiefem Sinne *gleichgültig ist, was geschieht, wenn nur überhaupt etwas geschieht*" (18), und „das *Wollen-Können*" *den Erfolg „erzwingt*", dann verstehen wir, warum auf diesem Boden „die alte christliche Idee der individuellen subjektiven Seele in diesem undialektischen Sinne nicht mehr zu halten sein wird" (20), und wir beginnen zu begreifen, wie unbillig es ist, hier nach Vernunftgründen für die Annahme der pragmatischen Wahrheitskriterien zu suchen. Der Geist vermag ja keine Handlung mehr zu motivieren, durch die das Ganze der intensiven Realität erreicht werden könnte, und das Gebot der Stunde heißt *Einsatz* und Handeln, auch wenn es Fälle gibt, „in denen wir aus Seinsgründen den *Andern leiden lassen* müssen, *damit er zu seiner Wirklichkeit kommt*" (127).

Wir möchten nicht mißverstanden werden, wenn wir hier auf eine Schrift hinweisen, von welcher der Autor selbst sagt, daß sie mit Recht vergessen sei, allerdings nicht ohne hinzuzufügen, daß *er sie „mit Recht" nicht vergessen habe*. Das Recht auch für uns, an diese Untersuchung zu erinnern, besteht sachlich darin, daß es keine andere Möglichkeit gibt, die Genesis von Gehlens Denken in jenen Zügen zu erfassen, in denen seine Schärfe am meisten zutage tritt. Auch sind die fundamentalen Einsichten dieses frühen Buches in abgewandelter Form von Gehlen bis heute immer wiederholt worden. Der Gang der Geschichte hat für Gehlens Denken keine grundsätzliche Wandlung in den Voraussetzungen erzwungen, sondern sie ihm vielmehr bestätigt. Gehlen hatte sich gegen den Zugriff der geschichtlichen Erfahrung dadurch gesichert, daß er der *positiven und rationalen Wissenschaft die Funktion einer Kontrollinstanz in seinen anthropologischen und soziologischen Forschungen* über Wirklichkeit und Unwirklichkeit eines Sachverhaltes oder Zusammenhangs *übertrug*. In seiner Frühschrift geht allerdings die geschichtlich *erfahrene Ohnmacht des Geistes* und die Unwirklichkeit des reflektierend bei sich bleibenden Subjekts *in das Denken Gehlens mit so unmittelbarer Kraft ein wie später nicht wieder*. Die Kritik Gehlens an der Philosophie, die sich nur noch als kritische Theorie der Erkenntnis verstehe und in immer weiter getriebenen Abstraktionen und Formalisierungen den Zusammenhang mit der Wirklichkeit zu verlieren drohe, bestimmt aber seinen Weg von der Philosophie zur Anthropologie.

Gehlens Anthropologie gründet in der *Zerstörung jeder* idealistischen *Metaphysik;* das umgrenzt positiv wie negativ ihre Bedeutung. Sie bestätigt ihre Herkunft aus der Absicht, die *unwirklich gewordene Metaphysik zu zerstören* durch den *Zwang, die Inhalte der alten Metaphysik funktional zu interpretieren.* Die traditionellen Theorien der Metaphysik werden in einem den modernen Entlarvungstechniken analogen Verfahren nicht als das genommen, was sie ihrem eigenen geschichtlichen Verständnis nach sein wollen, sondern auf ihre *Funktion* hin „durchschaut", ein konstitutionell so gefährdetes Wesen wie den *Menschen am Leben zu erhalten.* Sie werden auf die Tendenz des theologischen Subjekts zurückgeführt, Momente, die im Handlungsvollzuge geeint sind, dinghaft zu verselbständigen. Theoretisch unlösbar erscheinende Probleme sind im realen Vollzug der Handlung immer schon gelöst. Wie es zur Ausbildung einer von der Praxis abgespaltenen Theorie kommen konnte, ist selber nicht theoretisch zu erklären, sondern nur durch eine entlarvende Psychologie, welche die Theorie aus den besonderen Daseinsbedingungen des reflektierenden, vom Handlungszusammenhang des Lebens abgelösten Subjekts erstehen läßt. Das der Theorie gewidmete Dasein ist für Gehlen, wie aus vielen Äußerungen zu belegen wäre, eine der größten Seltsamkeiten, welche diese Welt aufzuweisen hat, und zugleich ein ständiger Anreiz für den Psychologen, selber Theorien zu entwickeln, die das schwer verständliche Phänomen einer über die Ananke hinausgehobenen Existenz begreifbar erscheinen lassen.

Ein der *Eudaimonia* des Aristoteles entsprechender Begriff ist vom Ansatz Gehlens aus *gar nicht denkbar.* Jede Bewegung, die das Individuum über den Zwang hinausführt, die Mittel zur biologischen Daseinsfristung zu beschaffen, wird als illusionär oder als bedenkliches Symptom einer Dekadenz hingestellt, in welcher der Mensch erschlafft und entartet. Den Satz aus dem „Unwirklichen Geist": „Das Leben, um ganz es selber zu sein, muß das Negative aufsuchen, und damit der Geist immanent werde, muß er auf sich verzichtet haben", hat Gehlen nicht wieder vergessen. Selten ist aber auch in einer zynischeren Weise dem Menschen das als gut und gesund empfohlen worden, was zur Bestürzung seines Gewissens die Geschichte zu einer solchen des menschlichen Leidens gemacht hat. An Nietzsche, den Gehlen häufig zitiert, darf in diesem Zusammenhang nicht erinnert werden, denn das erste Opfer der unmenschlichen Wahrheit, die er in der Geschichte erkannt zu haben glaubte, war er selbst. Die griechische Tragödie weiß, daß der Mensch durch Leiden lernt, und die Bibel begreift die Sorge des Menschen um die Beschaffung der Existenzmittel durch die eigene Arbeit als eine Folge seiner Schuld, die über ihn verhängt wurde, damit er lerne, wer Gott ist. Die moderne Anthropologie, für die das Absolute das „Gegebene" ist, weiß von alledem selbstverständlich nichts, sie glaubt aber zu wissen, daß der Mensch als vitales Wesen verkommt, wenn er sich der Ananke entziehen will. Um die Begründung der Freiheit als Unabhängigkeit von vornherein unmöglich zu machen, schafft Gehlen die Geschichte selbst ab und nimmt sie in den Zusammenhang natürlicher Erhaltung zurück. Nur psychologisch gilt die Kategorie der Entfremdung als reell und ehrlich. „Seither ist die *Brauchbarkeit* dieser Formel auf das Gebiet eingeschränkt worden, in dem ihr reelles und ehrliches Gebiet der Anwendung liegt: *das psychologische.*" Das heißt aber nichts anderes, als daß die Überwindung der Entfremdung mit der *Abschaffung von Subjektivität überhaupt zusammenfällt.*

Wie stark Gehlens Konzeption der Anthropologie durch seine metaphysikfeindliche Einstellung bestimmt wird, geht aus der Begründung des empirischen Ansatzes hervor: „Aus dem gezeigten Vorsatz: im Anschaulichen, im Unmittelbaren und Faktischen, im Bereich dessen zu bleiben, zu dessen Anerkennung zu zwingen die Wissenschaft Mittel hat, folgt, daß die Darstellung ganz diesseits der Existenzprobleme einer reflektierenden Existenz bleibt, also diesseits der dichterischen oder religiösen Existenz". Was zunächst wie eine methodische Beschränkung auf den Bereich verifizierbarer Aussagen empfunden werden kann, schließt den Anspruch ein, die metaphysisch und religiös irreal gewordenen Zusammenhänge so zu interpretieren, daß ihr funktional und pragmatisch vollziehbarer Sinn deutlich wird. „Man sieht wohl gleich, wie hier die *‚funktionale'*, die Vollzugs*betrachtung sich der ontologischen gegenüber als fruchtbar erweist*" (14). Durch die umfassende Perspektive, in die Gehlen seine Anthropologie rückt, gelingt es ihm, so seltsam das zunächst klingen mag, den – Biologismus in der Betrachtung des Menschen zu überwinden. Das schließt aber nicht aus, daß die *tierische Zielbestimmung* der bloßen Daseinsfristung *beibehalten wird.* Die Definition des Menschen als eines biologischen Mängelwesens wurde auf dem Weg eines abhebenden Vergleichs mit dem Tier gewonnen, das seinem Ausschnittsmilieu bruchlos angepaßt ist. Die dem Menschen eignende Nichtidentität mit sich selbst, die Problematik der Entfremdung, wird im Ansatz Gehlens im Wesen des Biologischen fixiert und als geschichtliches Problem somit ausgelöscht. „Der Grundgedanke ist der, daß die ‚sämtlichen Mängel' der menschlichen Konstitution, welche unter natürlichen, sozusagen tierischen Bedingungen eine höchste Belastung seiner Lebensfähigkeit darstellen, vom Menschen selbsttätig und handelnd gerade zu Mitteln seiner Existenz gemacht werden, worin die Bestimmung des Menschen zur Handlung und seine unvergleichliche Sonderstellung zuletzt beruhen."[22] Weil der Mensch kraft seiner Natur auf ein Handeln gestellt ist, das die Vorteile des tierischen Handelns ausgleichen kann, ist ihm die Kultur als die ins Lebensdienliche umgewandelte Natur „natürlich". Der gleiche Ansatz umgreift aber auch die Notwendigkeit, das Bewußtsein, die Sprache, alle spezifisch geistigen Leistungen des Menschen aus seiner organischen Grundsituation abzuleiten, aus dem Zwang, sich als so gefährdetes Wesen zu behaupten. Da die Möglichkeit zu verunglücken zum Wesen des Menschen gehört, wird das bloße Sich-am-Leben-Erhalten zu einer eminenten und nicht genug zu bewundernden Leistung.

Es ist keine Frage, daß Gehlens Anthropologie scharfsinnig die Momente herausarbeitet, die den Weltentwurf des homo faber bestimmen. Eine Anthropologie, die den Menschen als das sich selbst herstellende Wesen denkt, trifft allerdings im Kern die Struktur dessen, was er heute geworden ist. Da aber Gehlen das Bewußtsein nur als Funktion der Selbsterhaltung zu begreifen vermag und damit das konkrete Subjektsein des Anthropologen, ja in gewisser Weise den Menschen selbst und seine Geschichte ausklammert, wird der Anspruch, über den Menschen im ganzen empirisch wissenschaftliche Aussagen von frageloser Objektivität machen zu können, zu einer leicht zu durchschauenden Illusion. Eine Methode, die, auf den Menschen angewandt, in einem sehr präzisen Sinn unmenschlich ist, muß sich in unlösbare Widersprüche mit sich selbst verwickeln. „Warum ist das Sich-am-Leben-Erhalten und die Steigerung des Lebens ein höchster Wert, von dem her alle seine Funktionen begriffen werden können? Diese Frage kann auf dem Boden der anthropologisch-biologischen Besinnung nicht beantwortet werden. Für sie bleibt das nackte ‚Daß' des Lebens als ein letztes Faktum, auf das sich der Mensch in solcher Art der Besinnung zurückgeworfen sieht; sie führt zuletzt nur zur Einsicht in die Sinnlosigkeit jeder Frage nach dem Warum, indes diese doch von Anfang an

---

[22] Arnold Gehlen, Der Mensch, Berlin 1940, S. 6.

der Antrieb allen philosophischen Denkens war. Läßt man freilich den anthropologisch-biologischen Gesichtspunkt als den letztlich maßgeblichen gelten, dann muß eine solche Frage verborgen bleiben, weil ihre Zulassung seine eigenen Voraussetzungen aufheben würde."[23]

Auch gegen die von Gehlen in seinem Werk „Urmensch und Spätkultur" entwickelte Philosophie der Institutionen wäre grundsätzlich geltend zu machen, daß in ihr die in einer modernen Anthropologie ausgebildeten Kategorien zu unkritisch gehandhabt werden und durch einen polemischen Akzent gegen das, was Gehlen eine Spätkultur nennt, belastet sind. In einem Punkt dürfte Gehlen freilich zweifellos recht haben: in der Annahme, daß in einer rituell-magischen Kultur die von ihm so sehr bekämpfte Subjektivität keine Rolle gespielt hat. Er wagt es denn auch, das Funktionieren der Institution in der Vorwelt wenigstens indirekt als für uns vorbildlich hinzustellen, da es hier dem Menschen gelungen sei, mit ihrer Hilfe sein vergängliches menschliches Dasein auf Dauer zu stellen. „Die Thematisierung der eigenen Subjektivität ist in der Welt nicht unterzubringen, sie ist institutionell steril" – ein Satz, der zeigt, daß auch eine stärkere Berücksichtigung der Institutionen und damit des Sozialen Gehlen dazu dient, die Aufklärung rückgängig zu machen, die einmal die Institutionen am Ziel menschlicher Selbstentwicklung maß.

Der Antagonismus von Subjektivität und Selbsterhaltung ist auf dem Boden des Gehlenschen Denkens unüberwindbar. Da der Mensch unter die konstruierten Bedingungen seiner Selbsterhaltung subsumiert wird, bleibt kein Platz für Subjektivität. Daß die Sinnfrage als ein stabilitätsbedrohendes Element ausgeschaltet wird, ist folgerichtig, da sie einen Inhalt ins Spiel bringen könnte, der vom Ansatz Gehlens her nicht zugelassen werden kann, es sei denn, er wäre als virtuelle Handlung deutbar. Das formale Verfahren des Denkens in Modellen bringt mit der substantiellen geschichtlichen Bestimmtheit des menschlichen Daseins dieses selbst als personales zum Verschwinden. Während das marxistische Denken die Aufhebung des Individuums in die allgemeine gesellschaftliche Gattungsnatur als seine Erfüllung und damit als die Verwirklichung der Freiheit begreift, ist Freiheit im System Gehlens keine denkmögliche Kategorie. Freiheit ist mit dem Vollzug ihrer Selbstaufgabe identisch. Jeder substan-

---

[23] Ludwig Landgrebe, Philosophie der Gegenwart, Frankfurt 1957.

tielle Inhalt ist bei Gehlen im Prinzip und radikaler verneint, als das in den nihilistischen und atheistischen Bewegungen der Neuzeit der Fall war. Diese fanden lediglich dort keinen Sinn, wo er als vorhanden unterstellt wurde; hier aber wird jeder mögliche Sinn im Dienst sinnloser Selbsterhaltung „verbraucht".

Für eine Darstellung der Grundpositionen impliziter Marxismuskritik sind folgende Gesichtspunkte maßgebend:

1. Die ungeschichtliche, Entfremdung in der Natur des Menschen fixierende und daher jede auf Aufhebung von Entfremdung gerichtete, Praxis verneinende Tendenz.
2. Ihr die transzendentale Fragestellung des deutschen Idealismus abstrakt verneinender Charakter.
3. Die pragmatische Anthropologie setzt an die Stelle der Utopie die These vom Ende der Geschichte, die zynisch paradoxe Überzeugung, daß in einer total verdinglichten Welt, deren Verhältnisse versteinerten, dem einzelnen nichts bleibe, als in stoischem Gleichmut sich von den Institutionen konsumieren zu lassen.

Alexandre Kojève

Während die bisherigen sich auf Anthropologie reduzierenden Ansätze von Sartre und Gehlen daran scheiterten, daß sie dem Anspruch des Marxismus, eine Theorie der begriffenen Geschichte aufstellen zu können, nicht gerecht wurden, hat Kojève eben diesen Versuch gemacht[24], in die Anthropologie eine Konzeption weltgeschichtlicher Theorie einzuarbeiten. Für die Marxrezeption der französischen Philosophie in der Gegenwart bietet Kojèves Hegelinterpretation, wie Fetscher gezeigt hat, einen wesentlichen Ausgangspunkt[25]. Kojèves Denken ist anthropologisch, aber er entwickelt seine Anthropologie im Zusammenhang einer Geschichtsphilosophie. Auch er, wie Bloch, nimmt die Erfahrung mit dem Nationalsozialismus als Indiz für das Versagen marxistischer Theorie ernst. In seine Interpretation Hegels ist sowohl das Denken von Marx wie auch das von Sartre und Heidegger eingegangen. Er will das traditionale marxistische Geschichtsdenken korrigieren und in einer ganz bestimmten

---

[24] Alexandre Kojève, Introduction à la Lecture de Hegel, Leçons sur la Phénoménologie de l'Esprit, Paris 1947.

[25] Iring Fetscher, Der Marxismus im Spiegel der französischen Philosophie, Marxismusstudien, Tübingen 1954, S. 173–213.

Richtung überholen. Leitend ist die Frage nach der anthropologischen Konstitution von Herrschaft, deren Rolle im Marxismus nicht hinreichend begriffen worden sei.

Herrschaft ist für den Marxismus nur sekundär und abgeleitet. Sie ist durch den Klassencharakter aller bisherigen Gesellschaften bedingt und gründet in dem vorpolitischen Faktum ökonomischer Ausbeutung. In der kommunistischen Zukunftsgesellschaft soll Herrschaft von Menschen über Menschen überhaupt verschwinden und durch die Verwaltung von Sachen ersetzt werden. Diese Theorie von Herrschaft als einer bloß derivativen Funktion einer unbewältigten Dialektik von Produktivkräften und Produktionsverhältnissen hat es dem Marxismus unmöglich gemacht, seine eigene Unterwerfung unter ihre Logik angemessen zu begreifen, wie sie ihn auch daran hinderte, den Nationalsozialismus als das zu erkennen, was er tatsächlich war. Auch der Versuch der Herstellung einer kommunistischen Gesellschaft führte, im schärfsten Widerspruch zu dem Marxschen Entwurf, zur Ausbildung und Verfestigung totalitärer Herrschaftsstrukturen. Gegenwärtige Theorie muß also die geschichtlichen Wurzeln und Funktionen von Herrschaft plausibel machen. Andererseits aber kann nicht übersehen werden, daß sich die Marxsche Prognose vom Absterben des Staates in Übereinstimmung mit einem realen gesellschaftlichen Prozeß befindet. Marx meinte den Staat, der in Ausübung gesellschaftlicher Funktionen doch an sich eine von der Gesellschaft unabhängige Macht darstellt. Die Trennung von Staat und Gesellschaft aber ist auch in den westlichen Industrienationen in voller Auflösung begriffen. Staat ist eine Funktion der Gesellschaft selber geworden. In der Negation des Staates als einer der Gesellschaft überlegenen Instanz stimmt westliche Praxis mit dem Marxismus überein. Auf ihren schärfsten Begriff ist diese Tendenz in der technokratischen Theorie gebracht worden, der auch für die Sowjetunion eine wachsende Bedeutung zukommt. Sie beinhaltet die Utopie eines herrschaftslosen Zustandes, in welchem nur Sachen und die ihnen immanenten Notwendigkeiten sich mit dem Zwang durchsetzen, der der gewaltlosen Stimme der Vernunft von Selbsterhaltung zugesprochen wird. Die in der Gegenwart sich universal durchsetzende Aufhebung der für Marx noch klassischen Trennung und Entzweiung von Staat und Gesellschaft bedeutet für den Marxismus eine neue Lage und hat unmittelbare Konsequenzen für die traditionale Gestalt seiner Revolutionstheorie.

Kojève geht von der These aus, daß sich zur Zeit Hegels, im Zeitalter Napoleons, die Geschichte vollendet habe, weil in ihr ein Zustand erreicht worden sei, durch welchen der Mensch die volle Befriedigung seines Seins erlangt habe. Volle Befriedigung, das heißt: jeder einzelne Mensch wird in seiner Individualität von allen anderen Menschen anerkannt, es besteht also die universale Anerkennung eines jeden durch jeden. Der durch die Geschichte produzierte Zustand einer universalen Anerkennung kann nicht verstanden werden, wenn man die Geschichte nur, wie das für den traditionellen Marxismus der Fall war, als das Resultat der Dialektik entfremdeter Arbeit begreift. Die gesellschaftliche Arbeit reicht nach der Meinung Kojèves nicht aus, um den Geschichtsprozeß verständlich zu machen. Weltgeschichte ist auch das Ergebnis des Prozesses einer dialektischen Auseinandersetzung von Herren und Knechten. Herrschaft ist für die Geschichte in gleicher Weise konstitutiv wie Arbeit, denn nicht freiwillig ist der Mensch in den Stand der Knechtschaft getreten, sondern gezwungen durch den Herrn. Herrschaft ging nämlich aus einem, dem Verhältnis von Herr und Knecht vorausgehenden Kampf auf Tod und Leben hervor, den der Herr als Sieger beendete. Wie kam es aber zu einem solchen Kampf auf Leben und Tod? Dieser Kampf ist nach Kojève in der Notwendigkeit menschlichen Seins begründet, in der Natur des Menschen als eines selbstbewußten Wesens, das sich seines Seins bewußt ist. Um sich aber seiner selbst bewußt zu sein, mußte der Mensch durch den anderen anerkannt werden. Der Mensch ist Selbstbewußtsein. Er kann das Sein des Seienden offenbar machen durch das Wort, aber theoretisch verhält sich das Subjekt dem Objekt gegenüber passiv. Der Mensch kann die Verlorenheit an das Ding nur überwinden, weil er noch anderes ist als nur Selbstbewußtsein: nämlich Begierde. Er läßt das andere nicht sein, sondern begehrt es, will es besitzen. Er kann es aber nur besitzen, wenn er es verneint. Der Mensch ist die Tat der Negativität. Durch sie überschreitet er aber noch nicht seine biologische Definition. Die Befriedigung führt zur Wiederherstellung der Ausgangslage: die Monotonie der ewigen Wiederkehr desselben.

Die bloße Bedürfnisbefriedigung durch Arbeit verharrt in der noch ungeschichtlich abstrakten Animalität. Der Mensch aber ist Selbstbewußtsein, das heißt, das geschichtliche Sein des Menschen beginnt da, wo er sich als animalisches Wesen überschreitet, er muß sich transzendieren. Was aber bestimmt den Menschen zu diesem Schritt über sich hinaus? Es ist Begierde, aber nicht die Begierde, die sich auf ein natürliches Objekt richtet, sondern nur Begierde einer anderen Begierde, das heißt, der Begierde eines anderen Menschen, in seinem Sein bestätigt und anerkannt, d. h. begehrt zu werden. So kommt es zum Kampf aller um das Anerkanntwerden durch alle. Aus diesem Kampf geht der eine als Sieger, der andere als Besiegter hervor. Er wurde besiegt, weil er vor dem Einsatz seines animalischen Seins zurückwich, und zwar aus Furcht vor dem Tode. Ist das Ziel aber jetzt erreicht? Nein, der Herr zwar wurde vom Knecht, der Knecht aber nicht vom Herrn anerkannt. Der Herr wird von jemandem anerkannt, den er selbst nicht anerkennt. Also ist der Herr nicht befriedigt. Er zwingt den Knecht zur arbeitenden Auseinandersetzung mit der Natur, wodurch dieser die Todesfurcht abarbeitet. Durch sie, durch die Arbeit, wird erst eine *menschliche Welt* erzeugt. Der Knecht macht sich zum Herrn der Natur, während der Herr zum Knecht seines Knechtes wird. Soweit folgt Kojève der Dialektik von Herrschaft und Knechtschaft, wie sie Hegel in der Phänomenologie des Geistes entwickelte.

Nach Kojève aber tritt der in der Arbeit gebildete Knecht noch einmal zu einem Kampf auf Leben und Tod an, der mit der universalen Anerkennung aller durch alle endet. Die *Französische Revolution,* sie ist hier gemeint, führt zu einer Etablierung der Herrschaft des Rechts. Die Versöhnung im Zeichen des politischen Rechtsprinzips ist erreicht, Napoleon ist der vollendete Mensch. Kojève hat damit einen entscheidenden Schritt zur Überwindung der Trennung von Anthropologie und Geschichte getan. Er hat auf einen wesentlichen Mangel marxistischer Theorie aufmerksam gemacht, auf ihr Unvermögen, die progressive Rolle von Herrschaft in der Geschichte zu begreifen. Aber genügt die anthropologische Ableitung von Herrschaft? Der Herr wird als Sieger im Kampf auf Leben und Tod nicht anerkannt, so lautet die These, da er den ihn Anerkennenden *selber nicht* anerkennt. Die universale Anerkennung impliziert bei Kojève die Preisgabe von Herrschaft überhaupt. Der *Knecht* muß sich ändern, weil der Herr sich nicht ändern kann. Eigentlich *produktiv ist nur der Knecht.* An ihn und seine Arbeit ist der Fortschritt der Geschichte gebunden. Der Herr degeneriert zum reinen Konsumenten. Er ist steril. Er ist nicht mehr frei, denn Freiheit ist nur im Akt des Sichbefreiens. Nur in der Arbeit am Ding gewinnt sich der Mensch als gebildete Subjektivität. Kojève bleibt dem Marxismus treu mit seiner These, das Vollendung der oder Versöhnung in der Geschichte identisch sei mit der Aufhebung von Herrschaft. Doch entscheidend für die Beurteilung der Position von Kojève ist das Scheitern seines Entwurfes, die Phänomenologie des Geistes marxistisch und existentialistisch zu lesen.

Für Kojève ist die Entwicklung der Dialektik von Herrschaft und Knechtschaft das zentrale Thema der Phänomenologie des Geistes. Ihr über die ökonomische Bedürfnisbefriedigung hinausreichender geistiger Sinn besteht für ihn darin, daß es in dieser geschichtlichen Dialektik um die politisch-rechtliche Anerkennung des einzelnen in seiner Gleichheit mit jedem anderen einzelnen gehe. „Die Weltgeschichte ist also nichts anderes als die Geschichte der dialektischen, d.h. aktiven Beziehung zwischen Herrschaft und Knechtschaft. – Die Geschichte kommt darum in dem Augenblick zum Abschluß, da die Synthese von Herr und Knecht Wirklichkeit geworden ist, nämlich der integrale, heile Mensch, der Bürger des universellen und homogenen, von Napoleon geschaffenen Staates."[26] Das politische Moment der Herrschaft ist eine nicht zu übersehende Bedingung des geschichtlichen Prozesses, und es ist durchaus konsequent, wenn Kojève mit ihrer Beseitigung Geschichte überhaupt zu Ende gehen läßt. In dem von Napoleon geschaffenen universellen Staat sieht er diese Bedingung als gegeben, und die Phänomenologie des Geistes ist nichts anderes als die Aussprache des Bewußtseins über diesen Zustand und den Prozeß, der zu ihm führte. Das die Geschichte als vollendet begreifende Bewußtsein ist aber das selbst vollendete. Die Hegelsche Philosophie ist Ideologie der Napoleonischen Epoche. Nach dieser kann nur noch die Langeweile darüber kommen, daß der Mensch nach der einmal erreichten politisch-rechtlichen Anerkennung nichts mehr begehren kann, was er nicht schon hätte, oder aber es erfolgt die übermütige Preisgabe des schon Erreichten. In diesem Falle begänne das Spiel noch einmal von neuem. Die Kehrseite und notwendige Konsequenz dieser Deutung der Phänomenologie ist die Interpretation der Hegelschen Religionsphilosophie als Atheismus. „Hegel hat als erster den Versuch einer vollständigen atheistischen und in bezug auf den Menschen finitistischen Philosophie gemacht."[27] Das heißt, das Christentum war die Ideologie, die

[26] Alexandre Kojève, Hegel, Versuch einer Vergegenwärtigung seines Denkens, deutsch: Stuttgart 1958, S. 45f.

[27] A.a.O. S.189.

der Knecht nötig hatte, solange er noch Knecht war. Nachdem aber die mit dem Christentum in die Welt gekommene Idee der Gleichheit und Freiheit des einzelnen als einzelner sich realisiert hat, ist sie überflüssig geworden. Der in der Hegelschen Philosophie vollzogene Abbau der Idee der Unsterblichkeit hat nach der Meinung Kojèves zur Voraussetzung, daß die Hegelsche Philosophie in ihrem Kern Anthropologie sei.

Diese Aufhebung der Substanz in das Subjekt widerspricht aber dem klaren Wortlaut der Hegelschen Aussage[28]. Die Leere des sich als allgemein anerkannt wissenden Ich ist die Leerheit der Form, die keinen Inhalt und kein Wesen hat. „Aber dies Selbst hat durch seine Leerheit den Inhalt freigelassen; das Bewußtsein ist nur in sich das Wesen; sein eigenes Dasein, das rechtliche Anerkanntsein der Person, ist die unerfüllte Abstraktion; es besitzt also vielmehr nur den Gedanken seiner selbst; oder wie es da ist und sich als Gegenstand weiß, ist es das Unwirkliche. Es ist daher nur die stoische Selbständigkeit des Denkens, und diese findet durch die Bewegung des skeptischen Bewußtseins hindurchgehend seine Wahrheit in derjenigen Gestalt, die das unglückliche Selbstbewußtsein genannt wurde ... Es ist das Bewußtsein des Verlustes aller Wesenheit in dieser Gewißheit seiner und des Verlustes eben dieses Wissens von sich – der Substanz wie des Selbsts, es ist der Schmerz, der sich als das harte Wort ausspricht, daß Gott gestorben ist.“[29] In der abstrakten Allgemeinheit des Rechts geht für Hegel der substantielle Inhalt verloren und die abstrakte Person des Rechts ist die schlechthin vereinzelte, die gerade darin der bloßen Zufälligkeit überantwortet wird. Im homogen universellen Staat kommt nicht, wie Kojève meint, der Geist zu sich selbst, vielmehr geht er in ihm unter. „In dieser ist die Realität des sittlichen Geistes verloren, die inhaltsleeren Geister der Völkerindividuen sind in ein Pantheon versammelt, nicht in ein Pantheon der Vorstellung, deren unmächtige Form jeden gewähren läßt, sondern in das Pantheon der abstrakten Allgemeinheit, des reinen Gedankens, der sie entleibt und dem geistlosen Selbst der einzelnen Person das An- und Fürsichsein erteilt.“[30]

---

[28] Vgl. Rohrmoser, Subjektivität und Verdinglichung, Gütersloh 1961.

[29] G. F. W. Hegel, Die Phänomenologie des Geistes, ed. Hoffmeister, Hamburg ^{6}1952, S. 522f.

[30] A.a.O. S. 522.

Was an der Position von Kojève in unserem Zusammenhang zum ersten Mal überraschend und unübersehbar hervortritt, ist die *positive Aufnahme Heideggers* in den Versuch einer Erneuerung des marxistischen Denkens. Dieser für die Zukunft des marxistischen Gedankens in unserer Welt so bedeutsame Sachverhalt zwingt uns, einige Hinweise zum Verhältnis von Marx und Heidegger zu geben. Für beider Denken ist die Wendung gegen Verdinglichung zentral und bestimmend. Bei beiden wird Verdinglichung als eine Verfassung des Seins des Menschen gedacht, in welcher dieser, außerhalb seiner selbst, an das Sein des anderen, der Dinge, das öffentliche anonyme Man verfallen ist. Aber bereits hier im Ansatz zeigt sich der fundamentale Unterschied: während es sich bei Marx um einen historisch-faktisch gewordenen und daher auch geschichtlich prinzipiell überwindbaren Zustand handelt, wird er bei Heidegger als Moment einer das Sein des Menschen als solchen ausmachenden Struktur – in Sein und Zeit fundamentalontologisch – beim späten Heidegger als Konsequenz eines unvordenklichen, jedem menschlichen Eingriff entzogenen Geschicks gedacht. Der Rückgriff auf Heidegger in positiver Absicht setzt also – und darauf kommt es an – die *Anerkennung einer Unüberwindbarkeit von Entfremdung voraus*. Ebenso wie in der Bestimmung von Verdinglichung, Abweichung und Gemeinsamkeit Marx und Heidegger sich eigentümlich überschneiden, so verhält es sich auch in der Bestimmung des Vollzugs ihrer Überwindung. Der Vollzug der Überwindung von Verdinglichung wird gefaßt als Akt eines abstrakten Hinausgehens aus dem, in Analogie zu Fichte, als unbedingt negativ charakterisierten Zustandes. Verdinglichung ist das, was nicht sein soll. Bei Heidegger verwirklicht das Dasein sein Sein als Eigentlichkeit und als Uneigentlichkeit. Das Dasein ist sich selbst der Grund seines Seins, so wie auch bei Marx dem entfremdeten Proletariat die Aufhebung seiner Entfremdung und mit der Aufhebung seiner eigenen die von Entfremdung überhaupt zugemutet wird. Eigentlichkeit des Daseins wird von Heidegger aber nur als eine Modifikation von Uneigentlichkeit gedacht. Es handelt sich um zwei Bezüge, die nicht unabhängig und selbständig voneinander zu denken sind. Eigentlich und uneigentlich ist immer dasselbe, nämlich das Dasein selbst. Auch bei Marx ist das entfremdete und das die Entfremdung aufhebende Subjekt dasselbe.

Grundlegend jedoch ist die Differenz in der Bestimmung der Struktur des Vollzuges der die Verdinglichung aufhebenden Aneignung. Bei Marx ist der Akt in sich dialektisch bestimmt, da das Dasein nicht die reine Aktualität seiner selbst wird, sondern, wie wir sahen, Aufhebung der Entfremdung, die aneignende Veränderung des Entfremdeten einschließt. *Praxis* ist bei Marx immer gegenständlich bestimmte Praxis. Verwirklichung des menschlichen Seins ist ohne Verwandlung aller, die Objektivität strukturierenden kategorialen Bestimmtheiten undenkbar. Das Festhalten an diesem, in Subjektivität nicht aufzuhebenden Moment gegenständlichen Seins macht das Wesen dessen aus, was die marxistische Theorie als Tradition des Materialismus sich aneignete.

Im Akt des sich den Dingen entreißenden Vollzuges menschlicher Eigentlichkeit dagegen, fällt bei Heidegger[31] – der auch hier an Fichte erinnert, das Dasein auf sein je eigenstes Sein zurück. Das Dasein versucht rein bei sich und durch sich selbst zu sein. Unüberbrückbar wird der Unterschied Heideggers zu Marx in der Bestimmung des Telos oder genauer: an die Stelle des Telos bei Marx tritt bei dem Heidegger von „Sein und Zeit“ der Tod. Das ist der entscheidende Unterschied: nicht Vollendung, sondern Beendigung. Es ist nun keine Frage – und alle marxistische Kritik dient nur der Verschleierung des entscheidenden Einwandes von Heidegger, die übersieht, daß gegen ihn nur messianisch oder christologisch argumentiert werden kann –, daß Heidegger mit einer divinatorischen Sicherheit an die offene Wunde des Marxismus rührt. Aus dem Gedanken einer möglichen Vollendung der menschlichen Gattungsnatur löst Heidegger in der Analyse des Todes den Tod als das Endfaktum heraus, die Vollendung verschwindet in der Theorie der Endlichkeit des Daseins.

Warum übernimmt der *Tod* bei Heidegger diese quasi-eschatologische Rolle? Weil er die letzte und äußerste Möglichkeit des Daseins selber ist, das sich zu dieser seiner letzten und äußersten *Möglichkeit* nicht nur verhalten muß, sondern in all seinem Verhalten immer schon von ihr herkommt und durch sie bestimmt ist. Vollendung als Telos wird in die Faktizität geschickhaften Endens zurückgenommen. Mit der abstrakt antithetischen Wendung gegen die gegenständliche und empirische Geschichte fällt aber erfahrbare Geschichte selber aus dem Heideggerschen Den-

[31] Martin Heidegger, Sein und Zeit, Tübingen ²1949.

ken heraus. In der These von der ontologischen Differenz wird der Hiatus ontologisiert, den Geschichte bei dem scheiternden Versuch ihrer Vollendung produzierte. In der Entwicklung seines Denkens nach „Sein und Zeit" hat sich der in diesem Grundwerk Heideggers abzeichnende Zug, konkrete geschichtliche Praxis, sei es eine solche, die zu ihrem Subjekt die Vernunft oder das über die Notwendigkeit einer menschlichen Selbstbefreiung aufgeklärte Subjekt der Revolution hat, zu destruieren, nur noch verstärkt. Geschichte wird als die Geschichte des Verfalls und Endes der Metaphysik interpretiert. Die Metaphysik verendet an und durch sich selbst, und das heißt, die ganze bisherige Weltgeschichte ist eine solche des Endens. Diese Tendenz, in einer dem marxistischen Geschichtsdenken analogen Weise, die Geschichte als Vergessenheit und als Verlust authentischen Seinsbezuges zu denken, zeigt sich am deutlichsten in seiner Nietzsche-Interpretation.

Heidegger interpretiert Nietzsches Philosophie als Ende der Metaphysik[32]. In seinem, Nietzsches Denken, kommt das Grundprinzip an den Tag, das sich die Metaphysik verdeckte und verstellte; der Wille zur Macht. Bisherige Geschichte war Geschichte der Herrschaft. Ihr Subjekt ist die gegen das Sein vorgehende und aufstehende Subjektivität, die das Sein nicht sein lassen will. Die dem Sein das Seinige nicht zukommenlassende Subjektivität usurpiert dem Sein gegenüber eine Position der Macht aus dem Willen zur Bemächtigung und Beherrschung. Die Konsequenz ist der Nihilismus. Der Marxismus ist dann nichts anderes als die dem Unwesen des technischen Zeitalters entsprechende und es ausdrückende Gestalt dieses Willens. Er treibt die Seinsvergessenheit auf ihre äußerste Spitze und ist gerade darin so geschickhaft notwendig, wie die Schickung des Seins, das sich in ihm zuschickt. Als selbst noch von der Metaphysik geprägt, gelangt der Marxismus nicht in den Grund aller Verfehlung des Seins, und so vermag er nur an ihren Symptomen zu laborieren.

Die Faszination, die Heidegger auf den Marxismus auszuüben beginnt, besteht darin, daß sie die Möglichkeit bietet, geschichtliche Verstrickung als dem Wesen der Geschichte entspringend denken zu können, ohne daß ein Anlaß sich zeigte, die Schuldfrage zu stellen. Es ist die Faszination einer radikalen Kritik, die kraft ihres abstrakten Charakters zugleich sicherstellt, daß sich

---

[32] Martin Heidegger, Nietzsche, I. und II., Pfullingen 1961.

aus ihr keine praktischen Konsequenzen ergeben. Das Problem der Subjektlosigkeit vernünftiger Praxis versinkt mit der Subjektivität selber in das unvordenkliche Dunkel eines Geschicks, das an seine hörige Annahme das Versprechen einer neuen Ankunft knüpft.

Carl Schmitt

Das dem Denken Heideggers geschichtlich gleichzeitige von *Carl Schmitt*[33] hat wesentlich faßbarere und konkretere Folgerungen aus der Daseinsanalyse von „Sein und Zeit" gezogen. Die Analyse des Seins zum Tode wird von Carl Schmitt auf ihren latenten *realpolitischen Kern,* wie er durch die politische Philosophie des Thomas Hobbes ausgesprochen wurde, zurückgeführt. Dem Sterbenkönnen des Menschen entspricht gleich ursprünglich die Möglichkeit, getötet zu werden. Die Notwendigkeit des Prinzips des Politischen ist bei Carl Schmitt in seiner Schutzfunktion begründet. Auch eine auf Aufhebung von Herrschaft gerichtete politische Praxis entrinnt nicht der Logik des Politischen. Im Gegenteil. Erst die Totalität eines durchzusetzenden Anspruchs, das Politische selber zu beseitigen, legitimiert die dann totalen Charakter annehmende politische Praxis. Die Schmittsche Theorie wendet sich gegen den Marxismus, insofern diesem die totalitäre Aufhebung des Politischen immanent ist. Die Zurückführung der Notwendigkeit politischer Herrschaft auf das vorpolitische, gesellschaftliche Faktum ökonomischer Ausbeutung im Marxismus zwingt Schmitt, eine Kontraposition zu beziehen, die ihrerseits versucht, das Politische anthropologisch zu begründen. Der mehr vorläufige, heuristische Charakter einer anthropologischen Deduktion der Notwendigkeit politischer Herrschaft macht seine Theorie nicht nur verwundbar durch marxistische Kritik, sondern befestigt auch das Vorurteil, als hinge die Evidenz seiner Einsicht von ihrer durchaus problematischen anthropologischen Begründung ab. Sie empfängt aber ihre Evidenz in einem bei Schmitt mehr vorausgesetzten, als entfalteten Zusammenhang geschichtstheologischen, geschichtsphilosophischen und an der Rolle des Juristen in der modernen Welt orientierten Denkens.

Zunächst einmal stellt sich bei Schmitt die Frage nach dem Standpunkt, von dem aus die Chance, Geschichte zu begreifen,

[33] Carl Schmitt, Der Begriff des Politischen, Berlin 1963.

am größten ist. Es kann ja nicht übersehen werden, daß wesentliche Beiträge zum Verständnis der Geschichte der modernen Welt vom Standpunkt der Besiegten geleistet wurden. Man braucht nur an Tocqueville und Burckhardt zu denken. Schmitt gehört zu den vorläufig Besiegten, weil er den Staat retten wollte als eine der emanzipativen Gesellschaft überlegene und den einzelnen gegen ihren Zugriff schützende Macht, als dessen Hegelsche, substantielle Voraussetzungen sich geschichtlich längst aufgelöst hatten. Gab es aber keine, der modernen Gesellschaft überlegene, als selbstverständlich und verbindlich anerkannte Macht, dann konnte der Staat in einer solchen Situation nur funktional bestimmt werden. Schmitt hat das versucht, indem er an die Katechonrolle erinnerte, die das Imperium im Mittelalter übernommen hatte, um den Rückfall der Welt ins Chaos aufzuhalten, bis der Herr als das einzig berechtigte Subjekt, die Geschichte zu beenden, wiederkehrte. Aus der Perspektive heilstheologisch begründeter Herrschaft mußte der Marxismus Carl Schmitt als diabolische Verwirrung und Zerrüttung der geschichtlichen Grundordnungen der Welt erscheinen. Das hat nichts mit einer billigen Dämonisierung des Kommunismus zu tun, sondern begründete eine prinzipielle Gegnerschaft, die mit dem Kommunismus und seiner Rolle als Bürgerschreck nicht verwechselt werden sollte. Mit diesem hat Carl Schmitt um so weniger zu tun, als seine eigene, aus katholisch-geschichtlicher Substanz gewonnene Position es ihm ermöglichte, den Marxismus als Vollstrecker der mächtigsten Tendenzen der Moderne zu begreifen. Die Macht des Kommunismus ist für ihn die Macht der Auflösung aller eine prinzipielle Entscheidung ermöglichenden geschichtlichen Alternativen im Medium homogen emanzipativer Gesellschaft und des ihr immanenten Trends zur Neutralisierung. Die Überlegenheit des Marxismus ist die über den Liberalismus, der (von Schmitt als Selbstauflösung des Politischen begriffen) mit dem zu einer souveränen Entscheidung befähigten Staat seine eigene geschichtliche Bedingung aufhebt. In seiner Kritik am Verfall des Liberalismus hat Carl Schmitt wesentliche Momente der marxistischen Theorie positiv aufgenommen, wenn sein Ausgangspunkt auch ein anderer war. Grundlegend für Schmitt ist seine Einsicht in die geschichtliche Herkunft des modernen Staates aus der Überwindung des konfessionellen Bürgerkrieges am Beginn der Neuzeit. Nur durch die Konstitution des formalen Rechtsprinzips und einer seine Durchsetzung garantierenden Gewalt konnte der Bürgerkrieg überwunden werden. Die in der Situation des konfessionellen Bürgerkriegs gemachte Erfahrung, daß eine durch partikulare Gruppen usurpierte Wahrheit der Legitimation dienen konnte, Menschen in ihrem Namen zu töten, ist von Schmitt nicht vergessen worden. Die Aufhebung des formellen Rechtsstaates als eines Schutzes des einzelnen vor der Gesellschaft und als Anerkennung und Garantie eines Spielraumes, in welchem jeder seine Freiheit, auch anders sein zu können, betätigen kann, muß auch dann zur Zerstörung politischer Freiheit führen, wenn an sie die Hoffnung auf eine Verwirklichung totaler Freiheit geknüpft wird.

Schmitt ist mit seiner Theorie geschichtlich gescheitert, nicht zuletzt darum, weil er in ihr wesentliche Prämissen des Gegners übernommen hatte. Für Schmitt wie für den Marxismus ist Verwirklichung des Politischen identisch mit Herrschaft. Für Schmitt wie für den Marxismus gründet der Staat in einer nur gesellschaftlich zu definierenden Homogenität, die er als Staat repräsentiert. „Die demokratische Gleichheit ist wesentlich Gleichartigkeit, und zwar Gleichartigkeit des Volkes. Der zentrale Begriff der Demokratie ist Volk und nicht Menschheit. Es gibt, wenn Demokratie überhaupt eine politische Form haben soll, nur eine Volks- und keine Menschheitsdemokratie. Auch der Begriff der Klasse kann den Begriff des Volkes für die Demokratie nicht ersetzen. Solange Klasse ein rein ökonomischer Begriff auf rein ökonomischer Grundlage ist, begründet er keine substantielle Homogenität. Wird die Klasse zur Grundlage einer Kampforganisation und begründet sie eine echte Freund- und Feindgruppierung, so ist Klasse kein rein ökonomischer Begriff, weil eine wirklich kämpfende Klasse nicht mehr eine wesentlich ökonomische, sondern eine politische Größe ist. Gelingt es ihr, den Staat zu beherrschen, so wird die Klasse zum Volk dieses Staates. Der demokratische Begriff des Volkes bleibt immer bestehen und enthält einen Gegensatz sowohl zum Begriff der Menschheit wie auch zum Begriff der Klasse.“[34] Die Bestimmungen der vorstaatlichen Bedingungen einer politischen Demokratie als Identität und Homogenität des Volkes sind solche bloßer Faktizität. Die Rettung der Substanz politischer Einheit durch die Kategorie der Dezision mußte sich dann als illusionär erweisen, wenn die faktischen Bedingungen einer Demokratie, wie sie Schmitt formuliert hatte, nämlich Identität und Homoge-

[34] Carl Schmitt, Verfassungslehre, Berlin ²1957.

nität, nicht mehr gegeben waren. Die Option für den Kommunismus wäre von den juristischen Voraussetzungen Carl Schmitts aus genauso konsequent gewesen wie die für den Faschismus: wenn es dem einen oder dem anderen gelungen wäre, die durch den Bürgerkrieg aufgelöste Identität und Homogenität des Volkes wiederherzustellen. Die in der Indifferenz gegenüber einer solchen geschichtlich fundamentalen Alternative sich aussprechende Neutralität machte einst die Größe des Juristen in der modernen, noch liberalen Welt aus. Was Carl Schmitt mit seiner These von der prinzipiell gesellschaftlich unabhängigen Konstitution des Politischen klarzumachen und durchzusetzen sich bemühte, ist die in keine gesellschaftlich-homogene Bedürfnisnatur aufzuhebende Subjektivität des einzelnen, mit welcher Freiheit selbst geschichtlich untergehen würde. Der immanente Widerspruch der Schmittschen Theorie besteht darin, daß er zwar die gesellschaftlich unabhängige Begründung des Staates forderte, aber keine anderen als formale oder rein ungeschichtlich anthropologische Bedingungen beizubringen vermochte. Der Kampf Carl Schmitts gegen formale Neutralisierung und gegen die Überwältigung des geschichtlich-substantiellen Staates durch die brutale Faktizität mußte scheitern, weil das, wogegen er sich wandte, seiner Theorie selbst immanent war. In der gegenwärtigen Form einer Alternative von perennierendem Terror einerseits und der Notwendigkeit einer Neubegründung des Prinzips formaler Rechtsgleichheit andererseits kehrt, wenn auch in modifzierter Form, das Schmittsche Grundproblem ebenso wieder wie in dem Weltbürgerkrieg der Gegenwart der konfessionelle am Beginn der Neuzeit.

Hannah Arendt

Nach den Erfahrungen mit der terroristischen Praxis totalitärer Systeme im 20. Jahrhundert und dem Verfall politischer Institutionen in den Wohlstandsgesellschaften der Gegenwart ist es nicht erstaunlich, daß die Frage nach dem Wesen und nach einer Begründung des Politischen zu einer zentralen Frage in der Auseinandersetzung mit dem Marxismus wurde. Auf einer letztlich anthropologischen Grundlage und im Rahmen einer geschichtsphilosophisch entwickelten Verfallstheorie hat *Hannah Arendt* den Versuch gemacht, die Notwendigkeit zu erweisen, nach der die Möglichkeiten politischen Handelns mit dem Wesen einer an der Produktion und Konsumtion ausgerichteten Praxis unvereinbar sind. Die marxistische Theorie vom Absterben des Staates wird durch die des Untergangs des Raumes des Politischen in der auf die Regelung des Stoffwechsels mit der Natur sich immer mehr beschränkenden modernen Gesellschaft ebenso bestätigt wie problematisch.

In ihrem Werk „Vita Activa“[35] entwickelt Hannah Arendt ein *hierarchisches Modell typischer Tätigkeitsweisen* des Menschen. Sie unterscheidet zwischen Arbeit, Herstellen und Handeln. Arbeitend trete der Mensch in den Stoffwechsel mit der Natur ein. Arbeit wird zu einem verschwindenden Moment in dem sich ständig wiederholenden Kreislauf von Produktion und Konsumtion. Angetrieben und in Gang gehalten durch Bedürfnis und Befriedigung, wiederhole er sich immer wieder als der gleiche. Erst in der von Hannah Arendt als Herstellen bestimmten Tätigkeitsweise gerinne die Tätigkeit zu einem sich vom herstellenden Subjekt ablösenden und sich ihm gegenüber verselbständigenden Objekt, das ihn in seiner animalischen Vergänglichkeit überdauert. Im *Handeln* hingegen konstituiere sich erst der Mensch als eine moralische und politische Existenz. Erst im Bereich des moralischen und politischen Handelns könne es so etwas wie Entscheidung geben. Erst im Raum sichtbarer und leibhafter Öffentlichkeit trete der Mensch aus Haushalt und Werkstatt als Person hervor. Mit dem Unvorhersehbaren rechnend, greife er handelnd und verändernd in die jeweilig gegebene Situation ein und schaffe neue, unwiderrufliche Gegebenheiten. Dieser zunächst im rein Anthropologischen verbleibende Aufriß wird sodann geschichtsphilosophisch entfaltet. Der geschichtliche Anfang in der griechischen Polis stehe unter der Dominanz politischen Handelns; am geschichtlichen Ende, in der Gegenwart, überwältige das bloß ökonomische Konsumieren und Produzieren den Raum politischer Öffentlichkeit und Freiheit. Der politische Raum der Polis sei durch Öffentlichkeit ausgezeichnet. Die Polis sei der klassische Ort des Handelns, der Raum der großen moralischen, rechtlichen und politischen Entscheidungen, durch die sich der Mensch als Person konstituiere. Allein die Stadt und ihre politische Öffentlichkeit vermögen den Menschen eine gleichsam irdische Unsterblichkeit zu verleihen. Dem politisch groß und entscheidungsvoll für viele zukünftige Generationen Handelnden verleihe die sich seiner rühmend

---

[35] Hannah Arendt, Vita activa, Stuttgart 1960.

erinnernde Polis die Dauer unsterblichen Ruhms, in ihrem Gedächtnis gewinne der Mensch Stand und Ewigkeit.

Hannah Arendt setzt als für die griechische Polis kennzeichnend antithetisch gegeneinander die Freiheit politischen Handelns in der Öffentlichkeit der Stadt und die Despotie niederdrückender Arbeit im Kreislauf der Familie und des Haushalts. Die Pointe ihrer geschichtsphilosophischen Konstruktion ist deutlich: im Prozeß der Geschichte erobert die im Kreislauf von Produktion und Konsumtion verharrende Arbeit, durch welche das geschichtslose, bloß natürliche Leben des Menschen sich reproduziert, den politischen Raum der Öffentlichkeit und löst ihn auf. Der Verfall des Politischen und damit des Initiums eines Handelns, das alles bloß gegebene, nach dem Zyklus von Naturprozessen ablaufende Sein auf ein qualitativ neues hin überholt, der Verlust der Fähigkeit, einen Raum politischer Öffentlichkeit zu gründen, in welchem sich der Mensch als autarke Person bewegen kann, ist der durch die Französische Revolution bewirkten Freisetzung der Gesellschaft immanent. Die durch die Französische Revolution in Gang gekommene Überwältigung des politischen Raumes in Gestalt der als Naturprozeß ablaufenden Gesellschaft wird vom Marxismus entschlossen aufgenommen und radikal zu Ende geführt. Aber nicht nur im Kommunismus, sondern in der modernen Industriegesellschaft überhaupt sieht Hannah Arendt die Möglichkeit angelegt, daß die menschliche Existenz, die nur in politischer Öffentlichkeit zu sich selbst gelangen könne, in der unpolitischen Anonymität des Konsums gleichsam versandet. Wie jede undialektische Geschichtsphilosophie folgt die als Verfall der griechischen Polis gedachte Geschichte dem Fortschritt ihrer Entpolitisierung. Doch nicht nur in diesem Punkt wird die Theorie Hannah Arendts ein Opfer mangelnder Dialektik: Hannah Arendts Begriff des Politischen ist selber unpolitisch: ein ästhetisierender Begriff von Politik, dem seine Herkunft vom Modell des ewigen romantischen Gesprächs, in welchem sich die Individualität konstituiert, *indem* sie sich redend artikuliert, ebenso deutlich anhaftet wie seine Bestimmtheit durch Kants Freiheitsbegriff als unbedingter Spontaneität und Jaspers' Philosophie existentieller Kommunikation. Der Gehalt der Arendtschen Theorie an realisierbarer Marxismuskritik ist daher so gering, wie es bei einer sich deskriptiv verstehenden Darstellung nicht anders zu erwarten ist. Und doch ist ihre These von großem Gewicht, da durch sie ins allgemeine Bewußtsein gerückt wurde, was für die Zukunft des

Kommunismus ebenso bedeutend werden kann wie für die der westlichen Industriegesellschaft. Politische Freiheit ist nicht nur bedroht durch eine auf die Aufhebung ökonomisch bedingter Entfremdung und damit auf die Beseitigung der Schranken politischer Demokratie gerichtete revolutionäre Praxis, sondern auch durch die Konsequenzen der in den modernen Wohlstandsgesellschaften sich durchsetzenden Entpolitisierung. An dem durch Technik und Industrialisierung erzeugten wirtschaftlichen Reichtum bricht sich nicht nur der Wille revolutionärer Veränderung, sondern ein jeglicher, der dem Gegebenen eine politische Gestalt abringen will.

Herbert Marcuse

Dieses Verschwinden der Dialektik qualitativen Andersseins in die alle Unterschiede nivellierende und ihrer Erhaltung unterordnende Überflußgesellschaft ist das Grundproblem Herbert Marcuses[36]. Im Denken Herbert Marcuses schickt sich die Theorie des Fortschritts an, die Theorie ihres eigenen Verfalls in sich aufzunehmen. Der Weg Marcuses führt von einem sich zunächst stark an Heidegger anlehnenden Marxismus zu dem, was man Freud-Marxismus genannt hat. Am eindeutigsten erkennt Marcuse an, daß sich die gesellschaftliche Situation gegenüber Marx, in den westlichen Industriegesellschaften wenigstens, grundlegend geändert hat. Das Problem ist nicht mehr die Armut, sondern der Reichtum. Schon dieser Ausgangspunkt erregt begründeten Verdacht gegen den marxistischen Charakter einer Theorie, welche Revolution neu begründen will. Die Schwierigkeit, der sich Herbert Marcuse gegenübersieht, ist nun nicht nur die Frage, wie eine Revolution *möglich* sei, sondern *es muß* vielmehr erst *gezeigt werden, daß sie notwendig* ist. Es kann sehr wohl sein, daß Marcuse in seinem Bestreben, die Notwendigkeit von Revolution zu erweisen, zu dem Eingeständnis gezwungen wird, daß diese zwar notwendig, aber nicht möglich ist. Eine paradoxe Umkehrung des Ausgangspunktes bei Marx! Marx konnte sich als konsequente Vollendung der Tradition fortschrittlicher Theorie begreifen, weil die Geschichte die heute erneut zum Problem gewordene Frage selber bereits gelöst hatte: in der Existenz des Proletariats fallen Notwendigkeit und Mög-

[36] Herbert Marcuse, Eros und Kultur, Stuttgart 1957.

lichkeit der Revolution zusammen. In einer Gesellschaft ökonomischen Reichtums aber fällt die von Marx als zwingend anerkannte ökonomische Motivation fort.

Die Psychoanalyse Freuds kann daher im Denken Marcuses nur die Bedeutung haben, für die fortgefallene ökonomische Begründung einen Ersatz zu liefern. Diesem Zweck kann aber Freuds Psychoanalyse nur dienen, wenn sie neu interpretiert, ja *umfunktionalisiert* wird. Psychoanalyse darf nicht länger als Technik gesellschaftlicher Anpassung verstanden werden, als die sie noch von Gehlen akzeptiert wurde. Entgegen dem Sinn, den sie doch bei Freud hatte, wenn er die Unterordnung des Lust- unter das Realitätsprinzip forderte, muß Marcuse ihr den revolutionären Gehalt erst abgewinnen. Sie muß von ihm als sich therapeutisch maskierender Protest gegen die der gegenwärtigen Welt immanenten Unterdrückungsstrukturen begriffen werden. Es muß „die politische und soziologische Substanz der psychologischen Begriffsbildung" erst entwickelt werden. Was Freud am Individuum ablas, muß als gesellschaftliche Repression erkannt werden, mit der sich das Individuum, wenn auch unbewußt, identifiziert. Die Geschichte der Kultur beinhaltet sukzessives Verdrängen potentieller Erfüllung zugunsten einer Unterwerfung unter die Logik bloßer Selbsterhaltung. Die marxistische Herkunft des Gedankens eines gesellschaftlichen Ursprungs auch unbewußt gebliebener Unterdrückung ist deutlich. Eine in den Dienst der Erneuerung marxistisch-revolutionärer Hoffnung tretende Psychoanalyse hat also primär die Aufgabe, Entfremdung erst bewußt zu machen. Das in der Freudschen Theorie latent gebliebene revolutionäre Potential muß freigesetzt werden. Die Herrschaft des technologischer Vernunft immanenten Prinzips von Unterdrückung muß gebrochen werden. Die negative Dialektik einer der Vernichtung dienenden Produktivität muß von einer menschlicher Erfüllung dienenden Praxis unterworfen werden. Erst die Gesellschaft ökonomischen Überflusses macht die von Marx erhoffte totale Verwirklichung des Menschen möglich. Voraussetzung aber ist die Auflösung des psychischen Mechanismus, durch den das Individuum gesellschaftliche Repression in sich selbst reproduziert. Der ruinöse Zirkel jener Produktivität, die nur der Fortzeugung dieser gesellschaftlichen Dialektik der Zerstörung dient, kann aber nur aufgebrochen werden, wenn das Prinzip destruktiver Selbsterhaltung in der Realität schon aufgehoben ist. Das also, was die revolutionäre Selbstverwirklichung durch die Gesellschaft möglich macht, macht sie auch gleichzeitig unmöglich. Bedingung revolutionärer Befreiung ist es, daß sie bereits gelang. Das Befreiende ist unter der Struktur der Herrschaft unmittelbar identisch mit der Gewalt der Unterdrückung.

Durch keinen anderen Denker der Gegenwart ist die Überholung des Marxismus durch die Geschichte konsequenter gedacht worden als durch Herbert Marcuse. Jürgen Habermas hat dem Denken Marcuses den Beweis der Fruchtbarkeit gegenwärtiger marxistischer Theorie entnehmen zu können geglaubt. „Das Allgemeine hat sich von jeher in der Opferung des Glücks und der Freiheit eines großen Teils der Menschen durchgesetzt: es enthielt immer den Widerspruch gegen sich selbst, verkörpert in politischen und geistigen Kräften, die nach einer andern Lebensform drängten. Was der gegenwärtigen Stufe eigen ist, ist die Stillstellung dieses Widerspruchs: die Bewältigung der Spannung zwischen der Positivität – der gegebenen Lebensform – und ihrer Negation – dem Widerspruch gegen diese Lebensform im Namen der geschichtlich möglichen Freiheit... Der totalitäre Staat ist nur eine der Formen – vielleicht eine schon veraltete Form –, in denen sich der Kampf gegen die geschichtliche Möglichkeit abspielt." [37] Dieses Zitat Marcuses soll bei Habermas die Aufgabe und Richtung marxistischer Theorie in der Gegenwart anzeigen. Revolutionäre Praxis hat sich in der Gegenwart zu einer bloßen Möglichkeit verflüchtigt. Das Absinken des revolutionären Potentials, die Hineinnahme oppositionellen Widerspruchs in die Gesellschaft, so, daß auch der Widerspruch noch ihrer Erhaltung dienen muß, hat zu der Ausbildung einer Situation geführt, der der Marxismus nicht mehr adäquat ist. „Wenn wir uns ganz kurz ansehen, wie die marxistische Theorie dieser entscheidenden Veränderung gegenübersteht, so müssen wir zunächst zugeben, daß die traditionellen Erklärungen im Angesicht dessen, was in der hochentwickelten Industriegesellschaft vor sich geht, nicht mehr adäquat sind." [38] Dieses Eingeständnis der Inadäquatheit marxistischer Theorie als einer Theorie der Bedingungen von Freiheit in der Gegenwart ist um so gewichtiger, als Marcuse die Ursache für diesen Vorgang im Produktionsprozeß selber sucht. „Diese Manifestationen sprechen dafür, daß die

[37] Herbert Marcuse, Trieblehre und Freiheit, in: Freud in der Gegenwart, Frankfurt a.M. 1957, S. 403f.

[38] „Praxis", Revue philosophique, édition internationale, 2ième Trimestre 1965, S. 265.

Integrierung der Opposition, die Absorbierung des revolutionären Potentials nicht nur eine Oberflächenerscheinung ist, sondern im Produktionsprozeß selbst, in der Änderung der Produktionsweise selbst ihre sehr materielle Basis findet.“[39] Das bedeutet aber nichts anderes, als daß die am Ziel totaler Befreiung orientierte Praxis unvereinbar wurde mit den realen Bedingungen moderner industrieller Gesellschaft, und was der herrschende Kommunismus hervorbringt, ist ja nichts anderes, als die Entwicklung einer solchen Gesellschaft. Ein revolutionärer Eingriff in das Funktionieren des technischen Produktionsapparates würde die schiere Existenz der Gesellschaft selbst in Frage stellen. Es erneuert sich der Verdacht, daß eben die Forderung nach totaler Aufhebung der Entfremdung zu ihrer Totalisierung beiträgt. Das marxistische Programm totaler Vergesellschaftung ist, um ein Wort von Karl Kraus auf es anzuwenden, eher die Krankheit als die Therapie, für die es sich hält. Der Verlust eines zum Vollzug der Revolution geschichtlich qualifizierten Subjektes ist zweifellos mehr als der Ausdruck einer zufälligen geschichtlichen Konstellation, wofür Marcuse ihn hält.

„Bei Marx wird die Arbeiterklasse zum einzigen geschichtlichen Subjekt der Revolution genau darum, weil sie die absolute Negation des Bestehenden darstellt; wenn sie dies nicht mehr tut, dann ist die qualitative Differenz zwischen dieser Klasse und den anderen und damit die Befähigung für die Schaffung einer qualitativ verschiedenen Gesellschaft jedenfalls nicht mehr da. Dann ist aber auch, wenn die Stabilisierung weitergeht, das Bedürfnis nach einer qualitativen Änderung nicht mehr da. Wir müssen uns fragen, ob man wirklich so schnell den Marxschen Begriff der Verelendung uminterpretieren oder überhaupt eliminieren kann. Ich weiß, daß Marx wie Engels und der ganze spätere Marxismus daran festgehalten haben, daß Verelendung durchaus nicht die Bedingung der revolutionären Entwicklung sein muß, daß vielleicht sogar die Höchstentwickelten, auch materiell höchstgestellten Kreise der Arbeiterklasse ein revolutionäres Subjekt werden können. Diese Interpretation müssen wir uns heute noch einmal ansehen. Das heißt, wir müssen die Frage stellen, ob eine Revolution denkbar ist, wo das vitale Bedürfnis nach Revolution nicht mehr vorliegt. Denn das vitale Bedürfnis nach der Revolution ist sehr verschieden von den vitalen Bedürfnissen nach Verbesserung der Arbeitsbedingungen, nach mehr Gütern,

---

[39] A. a. O. S. 268.

mehr Freizeit, Freiheit und Befriedigung im Bestehenden. Warum soll der Umsturz des Bestehenden eine Lebensnotwendigkeit für diejenigen sein, die innerhalb des Bestehenden ein eigenes Haus, Automobil, Fernsehgeräte, ausreichende Kleidung und Nahrung haben oder erwarten können? Ich brauche mich in diesem Kreis nicht zu entschuldigen, wenn ich eine pessimistische Analyse vorgelegt habe. Ich glaube aber, daß es gerade in dieser Situation und für jeden, der den Sozialismus wirklich ernst nimmt, ein Gebot gibt, das nicht verletzt werden darf: Der Marxist darf keiner Illusion und keiner Mystifikation verfallen. Es wäre nicht das erste Mal in der Geschichte, daß wir nicht in der Lage sind, das Subjekt, das konkrete Subjekt der Revolution identifizieren zu können. Es hat schon vorher Situationen gegeben, in denen dieses Subjekt eben latent war. Das widerlegt nicht den Marxismus."[40]

Die Dialektik von Freiheit und Selbsterhaltung heute

Es kann nicht mehr die Aufgabe vorliegender Untersuchung sein, die Folgerungen zu entwickeln, die sich aus der im Prozeß interner und externer Marxismuskritik vollzogenen Auflösung und Liquidation authentischer marxistischer Theorie ergeben. Es kam zunächst vielmehr darauf an, diesen Prozeß bewußt zu machen. Keines der für Marx konstitutiven Momente seiner Theorie ist von diesem nur euphemistisch als revisionistisch zu charakterisierenden Prozeß unangetastet geblieben: weder seine Konzeption der Entfremdung noch die Theorie ihrer revolutionären Aufhebung, noch der Entwurf einer klassenlosen, unentfremdeten Gesellschaft. Der Versuch, die bisherige Geschichte aufzuheben und sie der rationalen Kontrolle und Planung einer von ihrer Last befreiten Menschheit zu unterwerfen, hat zur Wiederkehr und Intensivierung ihrer katastrophalsten Strukturen geführt. Die unmittelbar kritische Frage, die angesichts des entwickelten Prozesses fällig wird, lautet, ob die theoretischen Möglichkeiten des Marxismus überhaupt ausreichen, um sich selbst und das Geschick zu begreifen, das er sich im Versuch seiner Verwirklichung unter Bedingungen bereitet, denen er nach seinem eigenen Entwurf nicht adäquat ist. Nur Unwissende werden über dieses Resultat frohlocken. Denn es ist ebenso deutlich

[40] A.a.O. S. 269–270.

geworden, daß alle in der Epoche der gesellschaftlichen Revolution nach Hegel gemachten Anstrengungen hinter dem Niveau der durch den Marxismus erreichten geschichtlichen Erkenntnis zurückgeblieben sind. Das Rätsel der Geschichte ist so unaufgelöst, wie es Marx vorfand. Man dürfte der Wahrheit näherkommen mit dem Schluß, daß es ebensowenig gegen den Marxismus wie mit ihm gelöst werden kann. Die Wiederherstellung präemanzipativer Tradition ist ebenso unmöglich geworden wie die Verwirklichung von Utopie. Weder die aus der Erfahrung des doppelten Nihilismus erwachsene Forderung Nietzsches nach einem neuen Menschen noch die Neutralisierung des Widerspruchs von Revolution und Restauration durch positive Wissenschaft ist sinnvoll und vertretbar. Sie würde den schon von *Walter Benjamin* erkannten Stillstand von Dialektik nur potenzieren[41]. Auch ein sich im Namen des Endes der Philosophie auf bloße Selbsterhaltung und Stabilisierung beschränkendes Interesse, das sich in der Organisation und Verwaltung der Gesellschaft erschöpft, kann auf die Dauer der Frage nicht entgehen, in den Dienst welchen Zieles der Inbegriff der auf reine Mittel reduzierten Weltbestände nun eigentlich eingesetzt werden soll. Es ist evident, daß der Hinweis auf die Notwendigkeit schierer Selbsterhaltung nicht genügt. Denn die Frage, warum Selbsterhaltung selber sein soll, ist ebenso unabweisbar, wie es nicht ausreicht, sie als sinnlos und als Ausdruck subjektiven Unbehagens zurückzuweisen. Eine die Entfremdung ungeschichtlich in der biologischen Konstruktion der Menschen fixierende und damit essentiell faschistische Theorie kann in der Gegenwart mit durchaus plausiblen Argumenten wieder auftreten, weil sie selbst einen Index für das faktisch unübersehbare Scheitern einer auf die Aufhebung der Entfremdung gerichteten Praxis darstellt.

Wie immer man die Möglichkeiten beurteilen mag, Entfremdung durch eine praktisch-revolutionäre Verwirklichung im Kommunismus aufzuheben und die durch diesen Versuch neu produzierte Entfremdung in allen ihren durch Marx kritisierten Gestalten – ideologisch, politisch, moralisch und pseudoreligiös – noch mit den Mitteln des Marxismus zu begreifen, so ist doch ein ernsthafter Zweifel daran nicht möglich, daß die heutige Situation als geschichtliche Konsequenz der gegen die Philoso-

---

[41] Zum Folgenden vgl. auch G. Rohrmoser, Die Zukunft der Philosophie, im gleichnamigen Sammelband, ed. von Johann B. Metz und M. Schlette, Olten 1967.

phie gerichteten revolutionären Bewegungen begriffen werden muß. Die mit den Mitteln der Aufklärung gegen die Aufklärung verfochtene These, daß die Befreiung von Herrschaft in der Totalität von Herrschaft geendet hat, stellt einen Versuch dar, die bestehenden Verhältnisse zu rechtfertigen, indem die Sinnkategorie überhaupt destruiert wird.

Jede an der Verwirklichung eines höchsten Gutes orientierte Zielvorstellung geschichtlichen Handelns sieht sich gegenwärtig mit einer geschichtlichen Lage konfrontiert, in der es um die Vermeidung des summum malum, um das schiere Überleben geht. Nicht um die Gestaltung einer bestimmten Zukunft, sondern um die Möglichkeit einer Zukunft überhaupt geht es. Was vermag Philosophie in dieser Situation zu leisten?

Das Ende der Neuzeit sieht sich auf die Ausgangssituation emanzipativer Befreiung zurückgeworfen. Ging es aber noch bei Hobbes um eine auf den territorialen Flächenstaat sich begrenzende Überwindung des konfessionellen Bürgerkriegs, also um die noch selbst ungeschichtlich gedachte Konstitution des Rechtsstaates und um die Durchsetzung seines Prinzips formaler Gleichheit, so geht es heute um das Problem einer Überwindung des Weltbürgerkriegs, in welchem Völker, Kontinente, ideologische Blöcke und in Zukunft wohl auch verschiedene Rassen um die Verwirklichung materieller Gleichheit kämpfen. Die Lösung des Hobbes ist für uns allein deshalb unwiederholbar, weil das die formale Gleichheit restringierende und auf seiten der Subjektivität die Formalität kompensierende Moment einer gemeinsamen und inhaltlichen Wahrheit fehlt, das sich für Hobbes in dem Satz ausdrückte: Jesus is the Christ. Carl Schmitt hat die substantielle Bedeutung, die diesem Satz für das Denken des Hobbes zukommt, unwiderlegbar deutlich gemacht. Es ist aber ebenso durch den von Carl Schmitt nachgewiesenen Zusammenhang der Hobbesschen politischen Philosophie mit der Reformation deutlich geworden, wie sehr das Prinzip des Politischen in der modernen Welt durch christliche Voraussetzungen bedingt ist. Die Ersetzung der Herrschaft von Menschen über Menschen durch die Verwaltung von Sachen durch *Karl Marx* ist eine unumgängliche Konsequenz seiner Religionskritik, und es ist sehr die Frage, ob die im gegenwärtigen Kommunismus gewünschte Verwirklichung gewisser rechtsstaatlicher Garantien ohne eine Revision eben dieser Religionskritik möglich ist. Die sehr stark ideologische Ausrichtung des gegenwärtigen Dialoges zwischen Christen und Marxisten könnte sehr viel konkreter werden, wenn dieser Zusammenhang ernster bedacht würde. An die Stelle des Satzes vom christologischen Grundaxiom der politischen Philosophie des Thomas Hobbes ist in der Gegenwart das als solches zunächst leere und kontroverse Prinzip der Freiheit getreten. Zum Glück aber gibt es bei aller Heterogenität in der Auslegung gegenwärtiger Geschichtswelt ein allen Mächten, die auf die Gestalt der Zukunft Einfluß nehmen, Gemeinsames, an das die Philosophie in einem durchaus noch hermeneutischen Sinne anknüpfen und von dem sie ausgehen kann.

Allen Kräften, Individuen, Gruppen und Ideologien ist ihrem ausdrücklichen Selbstverständnis nach und in ihrer Auslegung der Gegenwart ein doppeltes Interesse gemeinsam: das an der *Selbsterhaltung* und das an der wie immer verstandenen *Freiheit* als eines Rechtes auf Selbstbestimmung und Selbstverwirklichung. Keine Konzeption und kein Wille hat in unserer Welt die geringste Chance, sich durchzusetzen, die oder der in einen Widerspruch mit beiden oder auch mit nur einem von beiden Grundpostulaten gerät, auf deren Boden sich eine mögliche Einheit der Welt abzuzeichnen beginnt, die substantieller ist als die bloße Übereinstimmung in der Anwendung und Entwicklung eines in sich homogenen, weil gegen alle geschichtlichen Bedingungen indifferenten technisch-industriellen Produktionsapparates.

Die Grundthese vorliegender Untersuchung aber besagt nun, daß gerade die offenbare Disparatheit zweier Momente, Interessen oder Grundpostulate, oder noch besser, Notwendigkeiten, von deren möglicher Vereinigung das Gelingen eines jeden Entwurfs gegenwärtiger Welt auf Zukunft hin abhängt, die Philosophie notwendig, ja zu einer unerläßlichen Bedingung von Zukunft selber macht. Die katastrophische Grundsituation der Gegenwart ist durch eine Konstellation bestimmt, in welcher die beiden unerläßlichsten Bedingungen einer jeden wünschbaren und akzeptablen Zukunft des Menschengeschlechts, in einem ruinösen Zirkel gegeneinandergekehrt, sich wechselseitig verneinen. Vereinfacht ausgedrückt: eine nur auf Selbsterhaltung gerichtete Praxis negiert Freiheit und damit die Bedingungen möglicher Selbsterhaltung ebenso, wie eine auf die Herstellung totaler und unentfremdeter Freiheit gerichtete Praxis Freiheit negiert. Diese wechselseitige Voraussetzung von Freiheit und Selbsterhaltung macht das qualitative Novum in der geschichtlichen Erfahrung unserer Gegenwart aus, die keinen Rückgriff auf irgendeine Gestalt bisheriger Philosophie, einschließlich der Hegelschen, ohne weiteres zuläßt. Gerade der ruinöse, nun wirklich tödliche Charakter dieses Zirkels ist es, der Philosophie notwendig macht.

Die Notwendigkeit einer neuen produktiven Anstrengung des philosophischen Gedankens, der qualitativ über seine bisherige Geschichte hinauszugehen gezwungen ist, bedeutet aber nun ebensowenig, daß es darauf ankommt, die Neustiftung der Philosophie von einem Originalgenie zu erwarten. Die in einer bestimmten Schule gepflegte Attitüde, die Wendung, ja den Umschlag im Geschick der Welt von einem sich rein und vorstellungsfrei in und durch sich selbst vollbringenden Denken zu erwarten, trägt durch die Forderung einer Destruktion der Tradition dazu bei, die reale Antizipation unserer Lage zu verkennen, die in der geschmähten Philosophie des deutschen Idealismus, und hier insbesondere der Hegels, geleistet wurde.

Was in der marxistischen Hegel-Kritik, vor allem bei Karl Marx, den stärksten Anstoß provozierte, macht doch, wie heute nicht mehr übersehen werden kann, auch die Stärke des Hegelschen Denkens für uns aus. In den mannigfaltigsten Variationen ist immer wieder der Vorwurf abgewandelt worden, Hegel habe zwar zu Recht Geschichte als Fortschritt im Bewußtsein der Freiheit gedacht, aber er hätte ihn eben nur im Bewußtsein und er hätte die der Geschichte vindizierte Vernunft ohne Subjekt gedacht. Es ist hier nicht der Ort, nachzuweisen, daß ein wesentlicher Mangel dieser Kritik in dem Unwillen besteht, den spezifisch theologischen, ja christologischen Gehalt und Grund vernünftiger Vermittlung bei Hegel zu begreifen. Es ist vielleicht heute fällig, im Lichte der Erfahrungen, die die Welt mit dem Versuch des Marxismus gemacht hat, diesen Grundeinwand gegen die Philosophie Hegels zu überprüfen. Bei Marx hatte die Hegel-Kritik einen immerhin einsehbaren Sinn, denn er beanspruchte ja im Proletariat das bei Hegel vermißte, durch die Geschichte selbst produzierte Subjekt einer sie vollendenden vernünftigen Praxis totaler Befreiung gefunden zu haben. Was aber nun, wenn das Proletariat ausfällt und die Stelle wieder frei und unbesetzt ist? Dies ist aber offensichtlich in der Gegenwart der Fall. Der Entwurf einer das Ganze verändern wollenden Praxis ist, eingestandenermaßen, nur als Utopie möglich. Sie schürt das Unbehagen, ohne zeigen zu können, wie der Grund dieses Unbehagens praktisch beseitigt werden kann. Die Beschränkung der zukünftigen Rolle der Philosophie auf das Ausdenken und Entwerfen von Zukunft würde die an der traditionellen Philosophie beklagte Ohnmacht gegenüber einer ihr widersprechenden Wirklichkeit nur wiederholen.

Gewichtiger noch als die fehlende Möglichkeit, die verändernde Praxis in Reichweite bestreitbarer Verwirklichung zu bringen, ist allerdings das Fehlen eines möglichen Subjektes, das sich zum Träger dieser entworfenen Praxis machen könnte. Ist es sinnvoll, wenn eine christliche Eschatologie, eine auf die Struktur futuristischen Denkens umschaltende Theologie, dem Christen die Rolle des ausgefallenen Proletariats zuzumuten trachtet? Wären die Christen, wenn sie sich auf diese Rolle einließen, nicht gezwungen, den kritischen Subjekten einer absoluten Kritik, die den Grundsatz des Spinoza, veritas est index sui et falsi, in den Satz verkehren muß: falsitas est index sui et veritatis, immer ähnlicher zu werden? Es gibt doch zu denken, wenn z. B. bei *Moltmann* dem Christen die permanente Revolution abverlangt wird, ohne daß konkret gezeigt werden könnte, was denn nun und wie etwas in grundlegender Weise geändert werden kann. Die sich dann abzeichnenden Forderungen sind von einer solchen Allgemeinheit und machen den Grundbestand kritischer und aufgeklärter Humanität so selbstverständlich aus, daß die Frage gestellt werden kann, ob das die Welt nicht alles schon viel länger und besser weiß, als daß sie es nötig hätte, darauf zu warten, daß es ihr von der christlichen Theologie wiederholt wird.

Es wäre ein ernster und sehr nachdenkenswerter Tatbestand, wenn gezeigt werden könnte, wie sehr in der ruhelosen Abstraktion – gegen die sich schon Hegel als eine alles mit Verschwinden bedrohende Furie gewandt hat – verschleiert wird, daß das revolutionäre Potential in unserer Welt die Substanz, um deren Liquidation es sich doch in allen revolutionären Anstrengungen auch handelte, erschöpft hat. Der *bedrohliche* Aspekt, der in jedem Akt realer Veränderung liegt, hat nicht ohne guten, philosophisch einsehbaren Grund den Aspekt *Hoffnung* überschattet. Es kann nicht länger verborgen bleiben, daß die eines gegenwärtigen Grundes ihrer Gewißheit beraubte Hoffnung selbst zum Ursprung wachsender Enttäuschung wurde. Die teils beklagte, teils begrüßte Entideologisierung gegenwärtigen Bewußtseins ist nur dann gefährlich, wenn die Frage nach einem rechtfertigenden Grund und Telos geschichtlicher Praxis überhaupt abgewiesen werden soll.

Mit dem Erweis, daß im geschichtlichen Prozeß ein diesen

rechtfertigendes Ziel anhängig ist, dessen Verwirklichung sich durch den geschichtlichen Prozeß vermittelt, war die erneuerungswerte Geschichtsphilosophie des deutschen Idealismus befaßt. Der große Schritt und die bedeutsame Leistung Hegels bestand in ihrem Zusammenhang in dem Entschluß, Geschichte als Geschichte der Erzeugung der Bedingungen und damit konkreter Vermittlung von Freiheit zu denken. Der Hiatus irrationalis, der gegenwärtig zwischen Telos und dem Zusammenhang der seine Verwirklichung ermöglichenden Bedingungen klafft, ist nicht durch Entwurf, sondern nur durch die Anstrengung der Vernunft zu schließen.

Die sozusagen konkrete Abstraktheit, die allen wissenschaftlichen, revolutionären und eschatologischen Handlungsentwürfen innewohnt, ist durch die Weigerung bestimmt, die Vernunft der wirklichen Geschichte anzuerkennen, durch die Weigerung, in Konsequenz der abstrakten Überantwortung der bisherigen Geschichte an den Verfall, die in ihr ausgebildeten und ermittelten Bedingungen der Freiheit für die Gegenwart produktiv anzueignen. In dem ruinösen Zirkel von Freiheit und Selbsterhaltung liegt die eminent positive, die Verwirklichung von Philosophie herausfordernde Chance, insofern Freiheit zu einer Bedingung der Selbsterhaltung geworden ist.

Die Dialektik der Emanzipation, ständig die Bedingungen praktisch zu negieren, die sie selbst erst ermöglichen, hat einen Stand der menschlichen Dinge heraufgeführt, der den Streit zwischen Bewahrung und Veränderung, Tradition und Revolution, Fortschritt und Rückschritt, Konservativismus und Liberalismus als gegenstandslos erscheinen läßt. Im funktionalen Prozeß ständiger Verflüssigung und Veränderung geschieht nichts, weil immer dasselbe geschieht. Das Moment des qualitativ anderen wird in der Totalität einer Praxis der Vergesellschaftung des Daseins zum Verschwinden gebracht. Im Modell des Gedankens der ewigen Wiederkehr des Gleichen hat Nietzsche den Umschlag von Aufklärung in Archaik ebenso vorweggenommen, wie Freud im Modell der Wiederkehr des Verdrängten die Notwendigkeit einer Geschichte reflektiert hat, die nur darum gezwungen ist, sich zu repetieren, weil das Bewußtsein unterhalb seiner Möglichkeiten leben muß. Angesichts der Dialektik im Stillstand, wie Walter Benjamin sie genannt hat, die aus der unaufgelösten Spannung eines ständigen Umschlags von abstrakter Antithetik in ebenso abstrakte Einheit sich nährt, gilt es in der Tat, Dialektik konkret auszutragen (Adorno).

Hegels Rechtsphilosophie machte als konkrete Bedingungen von Verwirklichung der Freiheit in der modernen Welt aus: die transzendentale Subjektivität, die emanzipative atheistische Gesellschaft, den Staat in seiner doppelten Funktion als formeller Rechtsstaat und Staat der Sittlichkeit und den christlichen Glauben als eine Macht der Versöhnung, die für Hegel darum die wahre ist, weil sie nicht enttäuscht werden kann und dies darum nicht, weil sie nichts von dem, was ist, auszuschließen braucht. Alle diese von Hegel genannten Bedingungen sind potentiell oder auch real in unserer Welt anwesend – nur unvermittelt und ohne die Chance institutioneller Voraussetzungen, die es ihnen, einschließlich der Philosophie, erlauben würden, sich geschichtlich zu inkarnieren. Die Macht, die, wie es scheint, über alle anderen Bedingungen der Freiheit Herr geworden ist, ist die emanzipativ-bürgerliche Gesellschaft, die nach der Hegelschen Bestimmung der Not- und Verstandesstaat ist.

Von allen Veränderungen, die seit Hegel eintraten, wiegt der Verfall und der Untergang des substantiellen Staates am schwersten. Philosophie hat, wenn man von den singulären Bedingungen der Philosophen im 17. und 18. Jahrhundert absieht, ohne den Zusammenhalt mit einer das Substantiell-Allgemeine verbindlich verkörpernden Institution nur die Wahl, sich zum Träger des revolutionären Gedankens zu machen, was heute problematisch geworden ist, oder sich als Träger der Vernunft des christlichen Glaubens in einer Welt zu begreifen, in der das Schicksal der Vernunft unlösbar mit eben diesem Glauben verknüpft ist. Oder Philosophie muß sich damit bescheiden, unter den Bedingungen des Zerfalls substantieller politischer Institutionen, das Bewußtsein wach zu erhalten, daß auf sie nicht verzichtet werden kann. Philosophie muß unter eben diesen Bedingungen des Ausfalls substantieller politischer Institutionen ihres postulativen Charakters geständig sein.

Sie kann sagen: wenn ihr Freiheit und Selbsterhaltung wirklich wollt, und damit wollt, daß Zukunft mehr ist als eine bloße Hoffnung, dann könnt ihr beides nur unter den Bedingungen haben, die auszumachen Philosophie als Sachwalter latenter Vernunft kraft ihrer eigenen Tradition verpflichtet ist und von denen sie selbst eine der wesentlichsten darstellt. Sie kann und muß weiter den konkreten und vielfältigen Formen und Gestalten der Praxis vorausdenken, durch welche die ermittelten Bedingungen möglicher Freiheit verwirklicht werden können. Die Kantsche Bestimmung des Philosophen als eines Lehrers des Ideals wird ihr von neuem ehrwürdig erscheinen, wie die platonische Philosophie, der diese Bestimmung sich verdankt.

Es ist ja nicht zufällig, daß die verschiedensten Formen eines erneuerten Marxismus immer wieder den Zusammenhang mit Kant herzustellen versuchen. Der Rückgang auf Kant bietet sich an, weil der für die Kantsche Philosophie spezifische Dualismus von Form und Inhalt, von Sein und Sollen der geschichtlichen Situation der gegenwärtigen Theorie des Marxismus entspricht. Aber so wie die nachidealistische Philosophie schon wiederholt den Weg von Kant zu Hegel zurücklegte, so wird sich auch dieses Mal die Produktivität und Aktualität Hegelschen Denkens darin bewähren, daß sich der Versuch seiner Philosophie, die Revolution geschichtlich zu begreifen, für die Gegenwart von neuem als Problem stellt.

Rückblick auf die Emanzipation

Herrschaft des Geistes der Illusionen

In der Gegenwart ist die mit dem Beginn der Neuzeit ausdrücklich und bewußt einsetzende Grundbewegung der Geschichte als Emanzipation in eine neue Phase eingetreten. Die realen und geschichtlichen Konsequenzen gelungener Emanzipation richten sich kritisch und destruktiv gegen den traditionalen Begriff geschichtlicher Emanzipation ebenso, wie sie den Versuch einer Erneuerung eben dieses Begriffes in der Gegenwart provozieren. Die in der kritischen Theorie artikulierte Problematik einer revolutionär praktischen Aufhebung der Philosophie steht in einer nicht mehr diskutierten Abhängigkeit von einer geschichtsphilosophischen These, nach der das Wesen der neuzeitlichen Welt im Prinzip einer emanzipativen Geschichte gründet, an der alle nicht durch dieses Prinzip gesetzte und durch es definierte Geschichte zur Vorgeschichte herabsinken soll. Dieses geschichtsphilosophische Selbstverständnis der kritischen Theorie bedürfte nicht einer erneuten Überprüfung, wenn nicht am Ende der Neuzeit der den Fortschritt der Emanzipation tragende Begriff sich als unvereinbar mit dem Verständnis von Humanität erwiesen hätte, um deren Verwirklichung willen Emanzipation doch gefordert wird. Der geschichtliche Stand der emanzipativen Geschichte in der Gegenwart ist daher theoretisch wie praktisch nur bestimmbar, wenn die Frage nach dem Verhältnis von Neuzeit und Emanzipation gestellt wird. Erschöpft sich Emanzipation im Umkreis der Möglichkeiten, die ein am Resultat emanzipativer Geschichte gewonnener Begriff ihrer geschichtlichen Bestimmung allein zu konzedieren vermag, dann verzichtet Philosophie auf ihr Recht zum Einspruch gegen den drohenden Rückfall der Moderne in eine nun barbarisch gewordene Remythologisierung. Geschichte verschwindet an ihrem in der Gegenwart drohenden Ende in den kreisförmig ablaufenden Prozeß indifferenter Natur, gegen die sich der Mensch entweder im Postulat abstrakter Selbstbehauptung wendet oder in die er als ein nun selbst unerheblich gewordener Zwischenfall zurücksinkt. Undurchschaut bleibt die Dialektik der Identität ohnmächtiger Selbstbehauptung und blinder Ermächtigung der Natur, zu deren Gunsten der Mensch als ein geschichtliches Wesen abdankt. Die als religionsphilosophische Auflösung der Substanz christlichen Glaubens interpretierte neuzeitliche Philosophie von Pascal bis Kierkegaard bestimmte sich demgegenüber durch den Willen, diese Dialektik dem emanzipativen Bewußtsein zu vergegenwärtigen. In der Gegenwart hängt die Wiederholung dieser Einsicht davon ab, die geschichtsphilosophische Theorie der Neuzeit im Verhältnis zu ihrer ungeschichtlich abstrakten Auslegung als Emanzipation von den Voraussetzungen her zu gewinnen, welche die Neuzeit als ihre eigenen anerkannt hat. In der hermeneutischen Aufhebung eines historischen Begriffs von Geschichte verschwinden diese Voraussetzungen, weil sich die Dialektik begriffener Geschichte im Hegelschen Sinn in der undurchschauten Abstraktion von emanzipatorischem Entwurf und hermeneutischer Erfahrung der Geschichte auflöst.

Wenn Geschichte als Emanzipation und nur als Emanzipation gedacht wird, ist die Geschichte als Folge des vorausgesetzten Begriffs nichts anderes als die durch Wissenschaft und Technik vollzogene Überwindung der Naturunabhängigkeit des Menschen, die ihrerseits in der unvordenklichen Natur begründet ist. Das substantielle Nicht-Sein der Geschichte ist nun am Ende der Emanzipation in dem Denken von Heidegger und Adorno manifest geworden. In ihrer Bestimmung des gegenwärtigen Zeitalters als absoluter Negativität zeichnet sich das Scheitern eines Denkens ab, das Geschichte nur als Herstellung emanzipativer Welt durch Herrschaft zu denken vermag. Um so wichtiger ist es, sich in diesem Zusammenhang an die Herkunft des Emanzipationsmodells in der Theologie der Geschichte bei Augustin zu erinnern. Geschichte als Weltgeschichte ist bei Augustin eine Folge der Freiheit des Menschen. Geschichte als Produkt endlicher Freiheit währt nur so lange, solange sich der Mensch als endliche Freiheit geschichtlich verwirklichen kann. Doch der Akt der Freiheit, in welchem die Geschichte bei Augustin ermöglicht wurde, war ein Akt des Mißbrauchs der Freiheit. Er wird als das Wesen von peccatum theologisch bestimmt, als der Akt, in welchem der Mensch in der Abwandlung von seinem Grund und in der Hinwendung zur Welt sich selbst als unabhängig setzte. Das Grundthema der Geschichte bei Augustin ist daher die Aufgabe, aus Freiheit mit den Konsequenzen des Mißbrauchs der Freiheit fertig zu werden. Es war aber Augustin als Theologen noch bewußt, daß die Lösung der Aufgabe, in Freiheit mit den durch ihren Mißbrauch geschaffenen Tatbeständen fertig zu werden, in der Geschichte selber unmöglich ist. Daher geht die Geschichte des Menschen in der Weltgeschichte nicht auf, und die Theologie bleibt aktuell, solange der Mensch nicht in der Rolle eines bloßen Objekts der von ihm veranstalteten Weltgeschichte resigniert.

Der Wille, die Geschichte aus und durch sich selbst zu vollenden, muß vielmehr zu einer Potenzierung ihrer Negativität führen. Das Grundthema einer Dialektik der Emanzipation ist daher so alt wie der Versuch eines die Emanzipation grundsätzlich um der Freiheit willen bejahenden theologischen Denkens. Wird die theologische Bestimmtheit der Emanzipation verneint, dann nimmt sich die total gewordene Emanzipation als Herrschaft nun unbedingt gewordener Negativität in die Ermächtigung der Natur zurück. Dieser auch geistesgeschichtlich verifizierbare Zusammenhang wird deutlich an der Destruktion aller dem mythischen Denken entstammenden geschichtlichen Kreislaufmodelle und ihrer Überwindung durch das Modell der Geschichte als gerichtetem Prozeß bei Augustin auf der einen und durch die Wiederkehr der von Augustin geschichtstheologisch destruierten mythologischen Modelle im Geschichtsdenken der Gegenwart auf der anderen Seite. Die schon von der Romantik vorausgesetzte, aber nur spekulativ behauptete Identität von Archäologie und Teleologie ist dann unvermeidbar, wenn Natur Subjekt der Geschichte wurde und Geschichte gleichzeitig weiterhin so gedacht werden soll, daß in ihr etwas herauskommen kann. Wichtig ist der Versuch Löwiths, Geschichte der Emanzipation als bloßen Schein zu entlarven. Emanzipation hat es nicht gegeben und kann es gar nicht geben. Der Mensch ist immer derselbe geblieben, die Welt selber hat sich im Grunde nicht geändert. Der Emanzipation entspricht keine Wirklichkeit, sondern nur der Schein, durch den die ursprüngliche und geschichtslose Welt der Natur verdeckt wurde. Indem aber die Negation eines Begriffs der Geschichte als Emanzipation mit der von Geschichte überhaupt zusammenfällt, ist und bleibt Löwith abhängig und bestimmt davon, wogegen er sich wendet. Emanzipation ist ein Wahn, daher gibt es keine Geschichte. Das ist ein Schluß, der nur einsichtig wird, wenn ich schon davon ausgehe, daß Geschichte nichts anderes als die prätendierte Befreiung aus der Natur ist. Löwith, einer der schärfsten Kritiker Heideggers, bleibt einer seiner treuesten Schüler. Ob Heidegger vom schickenden Geschick redet oder Karl Löwith von der Ordnung der Natur, in die sich der Mensch schicken müsse, in beiden Fällen führt die Preisgabe einer Theorie der Dialektik der Emanzipation als eines innergeschichtlichen Ereigniszusammenhangs, welcher der Kausalität menschlichen Handelns unterliegt, zur Verdinglichung der Geschichte, von der man sich ins anfängliche und unvordenkliche Sein als Geschick oder als Natur retten muß.

Es ist eine für die Zukunft dieser Gesellschaft entscheidende Frage, wie man das Wesen und den spezifischen Charakter der Prozesse bestimmt, in deren Zeichen unsere Epoche steht. Wenn wir uns zunächst auf die Bundesrepublik beschränken, dann ist das Ziel aller konstitutionellen Veränderungen und Reformen die Verwirklichung von Demokratie. Es ist natürlich die Frage, was dabei unter Demokratie zu verstehen ist. Denn wir leben doch in einer Demokratie, die nicht zu Unrecht für sich beanspruchen kann, das mit ihr verbundene Versprechen auf Freiheit für jeden einzelnen verwirklicht zu haben, und zwar formal und materiell, sowohl im Vergleich zur vergangenen deutschen Geschichte wie im Vergleich zu den Ländern in der Welt, die sich demokratisch nennen. Der Begriff von Demokratie, auf dessen Verwirklichung die im Vollzug befindlichen Prozesse zielen, muß also an einem Postulat gewonnen sein, das über jede geschichtliche Realität hinausgeht. Es geht um die Überwindung des bürgerlichen Formaldemokratie-Verständnisses und seine Ersetzung durch einen Realbegriff von Demokratie. Karl Marx hat in seiner Kritik an der Hegelschen Rechtsphilosphie und in seiner Abhandlung zur Judenfrage am entschiedensten darüber nachgedacht, was mit einer realen Demokratie gemeint sein könnte. Es ist die mit der Beseitigung einer jeden gegenüber dem Menschen verselbständigten und verfestigten politischen Form intendierter Herstellung einer unmittelbaren Einheit des Menschen mit seinem gesellschaftlichen Wesen, die Aneignung der gesellschaftlichen Gattungsnatur durch den einzelnen. Das Bestehen einer politischen Konstitution ist dann bereits ein Symptom für eine politische Entfremdung des Menschen. Die romantischen Quellen entspringende Utopie einer Verwirklichung des allseitigen, sich total verwirklichenden Menschen, der keinem arbeitsteiligen Bereich mehr unterworfen sein soll, setzt nicht nur das Absterben des Staates, sondern auch eine Gesellschaft des Überflusses, einen entwickelten ökonomischen Reichtum voraus, durch den das Problem der Knappheit der Güter gelöst und überwunden wird. Es ist entscheidend für das Urteil über alle Entwürfe einer Demokratisierung der Gesellschaft, sich an diesen Grundgedanken von Marx zu erinnern, daß die Emanzipation des Menschen seine Emanzipation von der Politik in sich einschließt. Der von konservativen Theoretikern herausgestellte Grundwiderspruch, eine Beseitigung des Politischen nur selber politisch betreiben zu können, ist dem Konzept einer gesellschaftlichen Befreiung immanent. Befreiung, das Überschreiten der Schranken des bürgerlich formalen Demokratiebegriffes, muß daher den Austritt aus der Geschichte zum Ziel der Geschichte erklären. Das paradoxe Grundfaktum des 20. Jahrhunderts besteht nun darin, daß die Geschichte alle diese Erwartungen und Hoffnungen enttäuscht hat und doch dieser Entwurf nichts von seiner Faszination verloren zu haben scheint.

In der sozialistischen Demokratie soll die Verwirklichung einer Identität von Freiheit und Gleichheit möglich sein. Es liegt kein durchdachtes und ausgearbeitetes Modell vor, das eine Vereinbarkeit der beiden Grundpostulate von Freiheit und Gleichheit einsichtig macht, die geschichtlichen Erfahrungen berücksichtigt und die Leistungsfähigkeit der ökonomischen und technologischen Systeme garantiert. Was dem gegenwärtigen Bewußtsein zu entschwinden droht, ist die Erinnerung daran, daß die Liquidation der Demokratie ein Ergebnis praktizierter Demokratie sein kann.

Es ist eine fundamentale Schwäche aller bisher bekannten Formen der Demokratie, daß sie die Einlösung ihrer Freiheitsgarantien an die Befolgung formaler Regeln bindet. Die Mehrheit kann eben auch beschließen, wie wir wissen, die Demokratie abzuschaffen, und die vielbeschworene freiheitliche Grundordnung enthält keine Anweisung darüber, welche Interpretation in einer konkreten Situation die maßgebende sein soll. Wenn die Grundbegriffe, mit denen die Verfassung politisch interpretiert wird, einen identifizierbaren Gehalt verloren haben und die Ermittlung ihres konkret gemeinten Sinns selbst zu einer Sache des politischen Kampfes wurde, ist das Gesetz kein geeignetes Mittel mehr, die Verfassung zu schützen.

Es ist ganz unbestreitbar, daß ohne einen minimalen Grundkonsensus keine politische Ordnung bestehen kann. Es ist eine Polarisierung der Kräfte denkbar geworden, die das Ende der Handlungsfähigkeit des Staates bedeuten könnte. Auch ist es ein

Irrtum, zu meinen, das könne sich nur in den aus der Entwicklung vor 1933 bekannten Formen vollziehen. Was die Einsicht in die Lage der Bundesrepublik so außerordentlich verstellt, ist die Tatsache, daß die Grundentscheidungen über den zukünftigen Weg entweder aus Schwäche oder aus Taktik nicht offen zum Gegenstand des politischen Kampfes gemacht werden. Es ist der Sache, um die es geht, nicht dienlich, wenn einer der Zukunft zugewandten Theorie ein an der Erhaltung orientierter Pragmatismus entgegengestellt wird.

Ist es denn ausgemacht und entschieden, wie die Zukunft aussieht und was sie von uns in Wahrheit verlangt, und sind denn die Bedingungen erkannt, von denen die Erhaltung abhängt? Es zeugt von keinem großen Reichtum an Phantasie, wenn die bekannte Konstellation mit den Leerformeln der Kämpfe des 19. Jahrhunderts: mit progressiv und reaktionär, mit links und rechts, Fortschritt und Reaktion, mehr verschleiert als gedeutet wird. Der Gebrauch dieser oder ähnlicher Wendungen setzt voraus, als gäbe es etwas, was besteht, und als gäbe es etwas, was sich wandelt nach dem Begriff, den die Akteure von ihren Veränderungen, die sie in Gang setzen, vorher hatten. Beides trifft nicht zu. Was wir vor uns haben, ist ein alles in sich einbegreifender und verändernder Prozeß, von niemandem so gewollt und daher auch von keinem mehr verantwortet, der mit uns, gegen uns, über uns hinweggeht, ein Prozeß, der sich aus sich selbst speist und sich aus sich selbst produziert. Es ist der neue Aggregatszustand der Geschichte, den Marx im Blick hatte, als er die bürgerliche als die erste wahrhaft revolutionäre Klasse erkannte, die der geschichtlichen Bewegung den Charakter einer permanenten Revolution aufprägte und die nicht existieren kann, ohne alle Verhältnisse ständig zu verändern.

Wenn aber die geschichtliche Bewegung selber die Gestalt eines revolutionären Prozesses angenommen hat, dann ist es schwer, wenn nicht unmöglich, zu sagen, was unter diesen Bedingungen eine Revolution besagen soll, die man noch machen müsse und von der man sagt, daß sie noch ausstehe. Gemessen an der Erfahrung mit der Entfesselung dieses durch die bürgerliche Gesellschaft, mehr blind und bewußtlos ausgelösten Katarakts, waren die Motive von Marx noch konservativer Natur. Er sah das mögliche Ende in der Heraufkunft der Barbarei und setzte auf die rettende Kraft der revolutionären Subjektivität in der Gestalt des ausgebeuteten Industrieproletariats. Diesem traute er es zu, die entwickelten Produktivkräfte durch eine veränderte Organisation der Verhältnisse, in denen sie sich bisher entfalteten, unter die Kontrolle des Menschen zurückzuzwingen und in den Dienst einer Selbstverwirklichung des Menschen zu stellen. Die Erneuerung dieses Vertrauens von Karl Marx in unserer Gegenwart war nur in einer Welt möglich, die aus Verzweiflung entschlossen ist, an die Stelle der unbegriffenen Geschichte die Herrschaft des Geistes der Illusionen zu setzen, den sie den Religionen so gern zugesprochen hat.

Die Tabuierung der Auseinandersetzung mit dem Marxismus, erst durch den Faschismus und dann nach dem Krieg durch selbstauferlegtes Verbot, hat die Einsicht in die Natur des politischen Marxismus in den kommunistischen Staaten nicht gerade gefördert. Die weltgeschichtliche Leistung des sowjetischen Kommunismus besteht darin, daß er in einem Schnellverfahren eine moderne Industriegesellschaft produziert und in der politischen Form des demokratischen Zentralismus die mit diesem Prozeß gegebenen Fragen einer Legitimation politischer Herrschaft nach den Kriterien der Effizienz gelöst hat. Daß sich der sowjetische Typ des Kommunismus immer mehr zu einer konservativen Macht entwickelt und daß auf dem letzten Hegelkongreß die neue Linke mit einem eigens für diesen Zweck zubereiteten Hegel bekämpft wurde, ist keineswegs zufällig, und man sollte zur Kenntnis nehmen, daß sich die Sowjetmacht philosophisch das Erbe der idealistischen, also bürgerlichen Philosophie vor allen Dingen aneignet, um die ethischen und pädagogischen Probleme des Auf- und Ausbaus ihrer Gesellschaft zu lösen. Der durch Lenin auf den Kopf gestellte Marx hat seine Funktion, die Ideologien des bürgerlichen Verfalls auszuschalten, längst erfüllt. Es mag geistesgeschichtlich reizvoll sein, das Marxsche Programm einer gesellschaftlichen Aufhebung menschlicher Selbstentfremdung an der sowjetischen Wirklichkeit zu überprüfen. Für die Einschätzung der politischen Realitäten unseres Jahrhunderts gibt das aber nicht viel her. Im äußersten Falle reicht die Breschnev-Doktrin durchaus dazu aus, sich gegen den Neomarxismus zu schützen, wenn er politisch relevant werden sollte.

Die gleiche Rolle in der Anpassung an das in der westlichen Welt erreichte geschichtliche Niveau spielt auch die Amalgamierung der Tradition mit marxistischen Gedanken in China. Die übernommene Dialektik ermöglicht hier das, was Marx den Vollzug und nicht die Abschaffung der höchsten Gedanken der Vergangenheit genannt hat. Es ist eine noch viel zu wenig reflektierte Tatsache, daß der Marxismus sich bisher nicht als die Macht des Austritts aus der Geschichte, sondern als die Kraft und Methode erwiesen hat, mit der es traditionalen Gesellschaften gelang, indem sie die durch die bürgerliche Gesellschaft repräsentierte Phase des geschichtlichen Prozesses übersprangen, den Eintritt in den weltgeschichtlichen Prozeß zu erreichen.

Ob es außer dem marxistischen Modell für die Entwicklung einer traditionalen in eine moderne Industriegesellschaft ein besseres und wirksameres gibt, diese Frage muß hier offenbleiben. Auf jeden Fall haben wir uns bisher keine Gedanken über ein solches Modell gemacht. Anders sieht die marxistische Perspektive in einer Gesellschaft aus, die die Bedingungen bereits entwickelt hat, an die Marx das Eintreten seiner Verheißungen knüpfte. Die Entwicklung des Marxismus zu einer entscheidenden, vielleicht der entscheidenden gesellschaftspolitischen Kraft in der Bundesrepublik hat viele Gründe. Sie sind um so schwerer zu ermitteln, als der Marxismus in der Pluralität seiner revisionistischen Gestalten sich einer eindeutigen Identifizierung entzieht. Doch wird man sich nicht zu weit von der Wahrheit entfernen, wenn man alle systemverändernden Entwürfe in Richtung auf eine sogenannte reale Demokratie in seinem theoretischen Kontext sieht.

Wenn man sich einmal davon überzeugt hat, daß die Verwertung der ökonomischen und technologischen Ressourcen der Gesellschaft im Interesse des privatkapitalistischen Profits der Verwirklichung menschlicher Emanzipation allein im Wege steht, dann ist die Art und die Form der Organisation des Klassenkampfes nur eine Frage der Taktik und des Zeitpunkts. Wer vermöchte konkret darüber zu entscheiden, welche Art des Klassenkampfes noch zu den legitimen Mitteln systemkonformer Veränderungen gehört oder welche nicht. Warum sollten die demokratie-konformen Methoden der Abschaffung der Demokratie nicht auch bei der Überwindung des Systems sich bewähren? Dieses Instrumentarium klassischer marxistischer Politik konnte sich allerdings erst durchsetzen, nachdem die ideologische, kritische Zertrümmerung des sogenannten bürgerlichen Überbaus nunmehr abgeschlossen ist.

Die im Zeichen der neomarxistischen Theorie der Frankfurter Schule stehende Phase der Entfachung der emanzipatorischen Bewegung in der Bundesrepublik hatte die mit Hegelschen und Motiven der Transzendental-Philosophie angereicherte marxistische Ideologiekritik dazu benutzt, die rechtliche, politische, wirtschaftliche und moralische Ordnung der Bundesrepublik als unhaltbar, repressiv, ausbeuterisch und latent faschistisch zu erweisen, wenn man sie an den Zielen emanzipativer Autonomie des Menschen mißt.

Es soll hier nicht die Frage gestellt werden, was an dieser geistig moralischen Vernichtung des sozialen Rechtsstaates haltbar ist und was nicht, entscheidend für den weiteren Gang der Dinge war es allein, daß diese neomarxistische Kritik eine Krise bewußt gemacht hat, die in der pluralistischen Selbstinterpretation der Gesellschaft nicht gelöst, sondern nur verdrängt wurde. Es ist eine Krise, an der im Grunde alle nichtkommunistischen Gesellschaften des Westens teilhaben, die man eine Krise der Legitimation, der fundamentalen Grundorientierung des Menschen, eine Krise des Sinns, des Bewußtseins, nennen kann. An der Einschätzung der Tiefendimension dieser Krise und von der Radikalität der Antwort, die man auf sie sucht, hängt das Schicksal der Freiheit und der menschlichen Person in unserer Welt ab. Nicht das ökonomische, materielle Elend, dem noch Marx als Triebkraft zur Revolution vertraute, sondern das Elend des Bewußtseins, des Geistes und damit die Auslaugung der sittlichen Kräfte ist es, was den Ausbruch und Aufstand gegen die Gesellschaft motiviert. Es ist eine Verkehrung der von Marx angenommenen Situation. Hier ist Marx selber auf den Kopf gestellt. Erst nachdem die Unfähigkeit der etablierten Kräfte der Gesellschaft offenkundig wurde, auf diese Herausforderung andere als funktional-pragmatische Antworten zu geben, konnte der klassische Marxismus nach einem mehr romantisch anarchischen Zwischenspiel das sichtbar gewordene Vakuum füllen.

Es gibt nun überhaupt keinen Grund für die Annahme, daß die marxistische Auslegung des Verfalls der bürgerlichen Legitimationen mehr bedeuten könnte als einen Kommentar zu diesem Verfall. Ebensowenig kann es keinen Zweifel daran geben, daß der politische Marxismus der Logik der Konsequenzen nicht entgehen kann, die ihn dort kennzeichnen, wo er die Form einer Praxis annimmt.

Die Verwandlung des marxistischen Humanismus in eine Form totalitärer Herrschaft, die Ausbildung neuer, so von Marx nicht geahnter Form der Entfremdung des Menschen ist eben kein Unglück, das ihm aus unvordenklichen Gründen zustieß, sondern ist begründet im Ansatz von Marx selbst. Mit der bürgerlichen Gestalt der Subjektivität ist nicht nur die Schranke totaler gesellschaftlicher Selbstbefreiung sondern eine Grenze bezeichnet, ohne deren Anerkennung die menschliche Subjektivität selber, also das Resultat einer langen Geschichte der Freiheit beseitigt wird.

Nie hat der Karl Marx nachfolgende Marxismus eine Antwort auf die Frage geben können, wie der die revolutionäre Umgestaltung der Gesellschaft organisierende Staat sich selbst aufheben oder durch wen er aufgehoben werden könnte. Wenn es aber auf diese Fragen keine befriedigende Antwort gibt – und schon Max Weber hat darauf hingewiesen, daß Kommunismus identisch sei mit totaler Beherrschung durch Bürokratie –, dann ist es schwer zu begreifen, daß man sich ein größeres Übel nicht vorstellen kann als den staatlich restringierten und kontrollierten Kapitalismus, zu dem der Kommunismus bisher nur den totalen Staatskapitalismus als Alternative anbieten kann.

Im Blick auf diese Realität muß die revolutionäre Systemveränderung anders vorgehen als bisher. Dieser Stil einer marxistischen Machteroberung ist dann nicht mehr länger opportun. Man muß dann Systemveränderung nach der Strategie eines langfristigen Prozesses betreiben. Dann sind die Maßnahmen und die einzelnen Schritte und ihre Begründungen beliebig auswechselbar, je nach dem, was die Opportunität gebietet. Dieses Vorgehen wird wesentlich dadurch erleichtert, daß diejenigen, die durch die intendierten Veränderungen bedroht sind, mit dem für sie selber typischen Opportunismus geschlagen werden können. Die bisherige Erfahrung hat ja bewiesen, daß diese Gruppen unfähig sind, in Begriffen eines langfristigen Prozesses zu denken, den radikalen, das Ganze betreffenden Charakter der Herausforderung zu begreifen und die geistige, nicht pragmatische Dimension des Prozesses zu verstehen. Es führt zu einer tiefgreifenden Verkennung des Wesens revolutionärer Prozesse in unserer Zeit, wenn man sie an den Modellen der politischen und sozialen Revolutionen der Vergangenheit mißt.

Während es sich bei der politischen Revolution um eine Veränderung des Mechanismus und der Regeln handelt, nach denen Macht gebildet und ausgeübt wird, bei der sozialen um die Etablierung eines anderen Schlüssels zur Verteilung des materiellen Reichtums, bei der gesellschaftlichen um eine qualitative Veränderung der sozio-ökonomischen Bedingungen, die sowohl die Ausübung von politischer Macht als auch den Anteil an der ökonomischen Produktion ermöglichen, nimmt nun Revolution die Stellung eines anthropologischen, universellen Prinzips und Programms ein.

Was Nietzsche am klarsten gesehen und vorausgesehen hat, macht die Wirklichkeit von Revolution in unserer Zeit aus: Die Praxis der Wertung und Umwertung von Werten. Die Setzung und Durchsetzung von Werten wird zur beliebigen Disposition gestellt für jeden, der über geeignete Methoden der verbindlichen und wirksamen Regelung der Sprache verfügt. Konservative Theoretiker haben diese Form revolutionärer Praxis als einen Trick entlarven zu können geglaubt, mit denen diejenigen, die über die öffentlichen Medien verfügen, die ihnen zugefallene Chance in eine neue Machtposition umsetzen. Das mag auch zutreffen, aber es berührt den Kern der Sache nicht.

Erst auf diesem Hintergrund gewinnt die Tatsache ihr Gewicht, daß die revolutionäre Umformung der Gesellschaft in einem bisher so nicht gekannten Kollektivismus nicht von Randgruppen ausgeht, sondern so etwas wie einen institutionalisierten Prozeß darstellt, der quer durch alle Institutionen hindurchgeht. Die neomarxistische Kritik hat sich grundlegend über die Gesellschaft, die sie bekämpfen wollte, getäuscht. Sie wurde ein Opfer der von ihr selber nicht durchschauten und daher ideologischen Grundannahmen. Die aus dem Arsenal des 19. Jahrhunderts geschöpften Waffen erwiesen sich als stumpf. Sie ist ihrem eigenen Mythos aufgesessen, indem sie davon ausgegangen ist, daß eine monolithisch festgeschlossene Schicht an ihrer Macht Interessierter jede emanzipative Regung im Keime ersticken würde.

Was als frontaler Angriff von außen gedacht war, ist längst in das System hineingenommen, sozusagen als seine permanente Infragestellung, Problematisierung und Überholung, in seine Fundamente wie eine Dauerdetonation eingefügt. Wer glaubt, das könnte auch eine Entschärfung der damit verbundenen Veränderungen bedeuten, denkt in zu kleinen Zeiträumen. Nur in einem Punkte erwiesen sie sich als hellsichtig, als sie an das Bewußtsein der lohnabhängigen Massen appellierten und damit zu verstehen gaben, daß auch Bomben der anarchistischen Linken die Funktion eines sprachlichen Zeichens haben können.

Sollte die sprachphilosophische Theorie der Gesellschaft, wie Jürgen Habermas sie entwickelt, eine Unterscheidung von sprachlicher und nichtsprachlicher Realität aufheben und sie damit beliebig konvertierbar machen, dann ist alles Sprache, auch die Bombe.

Es gibt einen Punkt, in welchem der kulturkritische Marxismus mit seinen politischeren Nachfolgern übereinstimmt, in der Überzeugung von der mangelnden revolutionären Reife der Massen, die sich unaufgeklärt weigern, anzunehmen, zu tun, was diejenigen als ihr Wohl erkannten, die das System durchschauten. Es könnte daher der Fall eintreten, daß sich zum ersten Mal eine Revolution vollzieht, ohne daß die, die die demokratische Mehrheit bilden, es überhaupt merken. Das hängt natürlich auch damit zusammen, daß die entscheidenden Bedingungen für eine erweiterte Reproduktion des Systems sich von den Arbeitern auf die Intelligenz und die Wissenschaften verlagert haben.

Es ist schon grotesk, zu sehen, wie Söhne und Töchter aus wohlsituierten bürgerlichen Familien, die keine andere Erfahrung machten als die mit ihrer eigenen Natur, sich zum Kapital von Marx wie zu einem heiligen Buch verhalten. Die Tendenzen des institutionalisierten emanzipatorischen Prozesses lassen sich im Augenblick nur schwer abschätzen. Sichtbarer treten sie in einigen Bereichen hervor:

1. Die fortschreitende Uminterpretation des bisher maßgebenden Demokratieverständnisses. Die während der Weimarer Republik von rechts entwickelte Kritik an der indirekten, parlamentarischen Demokratie haben sich die linken Gruppen weitgehend zu eigen gemacht. Der Weg weist in die Richtung der Ersetzung einer formellen, indirekten, repräsentativen, durch eine direkte, in ihren formalen Sicherungen reduzierte, unmittelbare Demokratie. Die Praxis des imperativen Mandats geht in die gleiche Richtung. Wenn man die hier angelegten Möglichkeiten weiterdenkt, dann wäre das gleichbedeutend mit einer politischen Praxis, die den Schutz und das Recht des einzelnen und der Minderheiten ebenso ignoriert wie die Chancen einer legalen Opposition beseitigt. Die totalitären Folgen sind unausweichlich. Überlegungen dieser Art fordern die Frage heraus, ob unsere repräsentative Demokratie noch anderes repräsentiert als eine bestimmte, jederzeit wechselnde Gruppierung von zufälligen Interessen, die nur gelten, weil sie faktisch sind.

Der unsere politische Praxis legitimierende Interessenbegriff zeigt ein anderes Gesicht, wenn die minimale Homogenität zerfällt. Das wiederum kann zu verschiedenen Zeiten verschiedenes bedeuten. Die Aufhebung der Trennung von Legislative und Exekutive, die im Räte-Modell impliziert ist, würde eine der wirklichen Errungenschaften der Geschichte, eines Rechtes in Frage stellen, das den Schutz der Freiheit in sich aufgenommen hat.

2. Damit berühren wir den zweiten Bereich, in dem Entwicklungen von wirklich revolutionärer Bedeutung sich abzeichnen: Die Umwandlung, ja Auflösung der Form des Rechts. Max Weber verdanken wir die Einsicht in die für die Ausbildung der modernen bürgerlichen Gesellschaft entscheidende Bedeutung einer – an sich bestehenden –, in ihren Konsequenzen berechenbaren und damit absehbaren Form des Rechts. Die Transformierung und damit Depotenzierung des Rechts zu einem technisch einzusetzenden Mittel sozialer Veränderungen ist in vollem Gang. Schon ist die Forderung nach einer Rechtsprechung erhoben worden, die den Richter veranlassen soll, nach Abwägung der konkreten Umstände und Bedingungen des einzelnen Falles, mit voller Würdigung der mitspielenden sozialen Faktoren Recht zu sprechen, ja Recht zu stiften. Das würde das Ende der Gleichheit des Rechts und der Gleichheit aller vor dem Recht bedeuten.

Grundsätzlich ist damit die vielleicht einzige Errungenschaft politischer Emanzipation, die in der Geschichte der Menschheit bisher erreicht wurde, die Bindung des das Recht verwaltenden Staates an den Schutz des einzelnen auf Freiheit in Frage gestellt. Die einzige Form der Gleichheit, die Menschen wenigstens annäherungsweise verwirklichen können, die Gleichheit vor dem Gesetz, wird damit in einer Zeit zur Diskussion gestellt, in der in den kommunistischen Gesellschaften der Kampf um einen menschlichen Sozialismus in erster Linie die Wiedergewinnung der Gleichheit vor dem Gesetz bedeutet.

Ist unsere These richtig, daß der Wille zur revolutionären Veränderung sich heute primär auf den Menschen selbst richtet, dann sind die Fortschritte, die die institutionalisierte Emanzipation in den Bereichen der Bildung und Erziehung durchgesetzt hat, auf die Dauer von entscheidender Bedeutung. Die Politisierung der Wissenschaften hat da, wo die Strategie keine eindeutig marxistische des Klassenkampfes ist, zu einer zunehmenden Mobilisierung der Produktivkraft Wissenschaft gegen die bestehende Gesellschaft geführt. Während Jürgen Habermas noch vor wenigen Jahren glaubte, daß eine für die Willensbildung in den wissenschaftlichen Prozessen verbindliche Konzeption des herrschaftsfreien Dialoges eine mit Autonomie und praktischer Vernunft vereinbare Emanzipation ermöglichen könne, muß er heute feststellen, daß die Politisierung der Wissenschaften zur Herrschaft einer neuen Form naturwüchsiger Interessen über die Wissenschaften geführt hat. Was das Klima an den hohen Schulen so vergiftet, ist nicht nur der allgegenwärtige latente oder offene Druck zur Gleichschaltung, Ausbrüche direkten Terrors, Feigheit und unverantwortliche Anpassung der Korporationen, sondern vor allem die Ausnutzung der Emanzipation für die Förderung des eigenen privaten Wohls und Nutzens. Gesinnung als Ersatz für wissenschaftliche Leistung kann nur zur Erzeugung der altbekannten Formen von Korruption führen. Den Reformen der Bildungsinstitutionen, die z.T. bereits praktische Politik der Landesregierungen wurden, gehen ganz eindeutig von Prinzipien aus, die von der neomarxistischen Kultur- und Gesellschaftskritik entwickelt wurden. Hier ist die noch vor wenigen Jahren gelehrte Meinung, daß ein neomarxistisches Programm keine Chance hätte, am klarsten widerlegt. Kritik, die Entschlossenheit, alles in Frage zu stellen und zu problematisieren, wird zum Ausweis der Mündigkeit. Jedes affirmative Moment ist entfernt. Die Entwicklung an den Universitäten hat gelehrt, daß die abstrakt utopische Phase der Totalkritik den Durchgang für die Anerkennung der Notwendigkeit des Klassenkampfes darstellt.

Wenn man sich einmal davon überzeugt hat, daß das System nichtswürdig, repressiv, menschenfeindlich und der Emanzipation hinderlich ist, dann muß man eben dieses System ändern. Was immer man über die kommunistischen Methoden denken mag, daß man mit ihnen ein System wirklich erfolgreich verändern kann, ist erwiesen.

Da die Vergangenheitsbewältigung mit einem nun chronisch gewordenen Geschichtsnihilismus geendet hat, ist die Frage nach der Verfassung der christlichen Kirchen als den einzigen Institutionen, die noch eine geschichtliche Kontinuität repräsentieren, von unmittelbarer politischer Bedeutung. Sie haben sich jedoch den Zwängen des über uns alle verhängten Prozesses nicht entziehen können. Die Politisierung der Theologie und kirchlichen Praxis hat sie auf einen Weg geführt, der sie dazu zwingt, die Verfallsprozesse der Gesellschaft christlich zu verdoppeln. Die „Gott ist tot"-Theologie, die Reduktion des Gottesglaubens auf eine Form praktischer Mitmenschlichkeit, die Definition der christlichen Freiheit als Befreiung von sozio-ökonomischen Zwängen hat die christlichen Kirchen besonders anfällig gemacht für den Geist des Illusionismus und der Verdrängung der Realität. Von Schelsky ist darauf hingewiesen worden, daß der kulturrevolutionäre Charakter der emanzipativen Bewegung den öffentlichen Medien, den Systemen der Kommunikation, Information und Motivation, den institutionellen Formen der Sinnbestimmung und Sinnvermittlung eine entscheidende Bedeutung für den Ausgang des Prozesses zugespielt hat. Sie sind maßgebend daran beteiligt, was man die Revolution der steigenden Erwartung genannt hat. Sie erzeugen das Klima der Moralisierung aller Fragen, das es gestattet, den Trägern des Systems das schlechte Gewissen beizubringen, das die Akteure der Emanzipation dann politisch nutzen. Darauf hat Topitsch aufmerksam gemacht. Doch das Problem ist ernster. Wenn Pragmatismus und der Hinweis auf technische Notwendigkeiten keine mögliche Rechtfertigung für menschliches, gesellschaftspolitisches Handeln mehr sind, und sie sind es nicht mehr, dann kann die tragende Führungsschicht einer Gesellschaft in einer Krise der Legitimationen nicht anders reagieren, als sie es tut. Dann werden die abstrakten Leerformeln vergangener bürgerlicher Emanzipation, Humanität, Autonomie und Demokratie, zu den Ködern, mit denen sie durch einen Prozeß gefangen werden, der ebenso unabsehbar, wie für sie schwer zu durchschauen ist. Schon Hegel wußte, wenn das Reich der Vorstellungen und des Bewußtseins revolutioniert ist, hält die Wirklichkeit nicht stand. Die Bürger trösten sich mit der verharmlosenden Deutung des Aufstands der Jugend als eines biologisch bedingten Konfliktes der Generationen und übersehen, daß hinter der unruhigen Jugend nicht nur die Weigerung erkennbar wird, bestimmte Traditionen zu übernehmen, sondern die mit dem Übergang des Menschen aus den Stammesgesellschaften zur Zivilisation gestiftete Tradition der Menschheitsgeschichte überhaupt.

Gerade wenn man die extremsten Äußerungen bedenkt, in denen sich der versuchte Austritt aus der Geschichte in der emanzipativen Bewegung der Gegenwart vollzieht, wird der Zweifel wach, ob die ideologische Interpretation dieser Bewegung durch Marxismus und Psychoanalyse nicht hinter dem zurückbleibt, was tatsächlich geschieht. Kluge Leute haben beschwichtigend darauf hingewiesen, daß es sich bei der irrationalen Infragestellung des technisch-zivilisatorischen Fundaments aller bisherigen Gesellschaften um ein Ereignis handle, das die Ausbildung rational funktionaler Welt seit ihrem Beginn in sich immer erneuernden Wellenschlägen begleitet habe. Vom Sturm und Drang im 18. über Romantik im 19. und Jugendbewegung sowie Faschismus im 20. Jahrhundert sei die bürgerliche Gesellschaft immer wieder von der in ihr unbefriedigten Subjektivität her in Frage gestellt worden. Allein die Tatsache, daß die selbstbewußte Subjektivität selber aber nun als ein Produkt tendenziell totalitärer Herrschaft abgeschafft werden soll, spricht gegen diese Zuordnung. Emanzipation, der Name für die Freiheit des Menschen in der Gesellschaft, kann sich daher – auch – als der Deckname erweisen für die totale Integration des Menschen in dem totalitäre Züge annehmenden Prozeß.

Offensichtlich haben wir es in der Gegenwart mit einem Phänomen zu tun, das Platon als das einer pathologisch gewordenen Gesellschaft begriffen hat. Nicht nur einzelne, sondern ganze Gesellschaften können erkranken. Das wichtigste Symptom für einen solchen die gesamte Gesellschaft erfassenden Krankheitsprozeß ist der Verlust der Fähigkeit, Realitäten zu erkennen, und der Verlust des Willens, sich in seinem Handeln von der Anerkennung von Realitäten bestimmen zu lassen. Alle Argumente und alle Theorien, die von der Realität ausgehen, werden daher häufig entweder als ideologisch zurückgewiesen, oder denjenigen, die sie äußern, wird eine psychoanalytische Behandlung empfohlen, oder sie werden kriminalisiert. Das durch die Psychoanalyse vervollständigte ideologiekritische Instrumentarium gegenwärtiger Gesellschaftskritik macht es jedem Oberprimaner ohne besondere Schwierigkeiten möglich, eine solche Argumentation, die von der Realität ausgeht, nur als Symptom für einen Willen zu interpretieren, der sich böswillig der Verwirklichung der Gesellschaft als eines Paradieses widersetzt, in welchem die Menschen sich ungestört der Befreiung von libidinöser Frustration zuwenden können.

Sprache und Macht

Eine solche chronisch gewordene Erkrankung des Sinns für Wirklichkeit, also dessen, was man einst den gesunden Menschenverstand genannt hat, läßt aber den Schluß auf eine noch tiefer greifende Erkrankung zu. Es ist eine der optimistischen Annahmen gewesen, daß man beim Neubau einer demokratischen Gesellschaft in Deutschland als völlig evident unterstellte, daß der Mensch ein natürliches Interesse an seiner eigenen Selbsterhaltung habe. Mit dieser Überzeugung knüpfte man zwar an die Prinzipien einer Anthropologie wieder an, die der bürgerlichen Gesellschaft und ihrer Geschichte in der Neuzeit zugrunde lag; aber man übersah, daß doch der Faschismus seinen Grund in der Möglichkeit einer kollektiven Erkrankung eben dieses Interesses hatte. Während man aber dem Faschismus noch die wahnhafte Täuschung über das zugute halten kann, was ein natürliches Interesse an Selbsterhaltung forderte, erleben wir jetzt, wenn auch zunächst nur in der Form von Randerscheinungen, die offene und bewußte Entscheidung für die eigene Selbstzerstörung. Niemand kann sich mehr darüber täuschen, daß die Wurzel aller der hier angesprochenen Phänomene die Unfähigkeit der Gesellschaft darstellt, auf die Frage nach der Vernunft ihrer Erhaltung eine einsichtige und sinnvolle Antwort zu geben. Das religionsphilosophische Problem fällt mit dem Problem der fundamentalen Ermöglichung einer menschlichen Gesellschaft zusammen. Ein Mensch, der an seiner eigenen Identität nicht mehr interessiert sein kann, ist auch nicht mehr fähig, mit anderen Menschen eine Gesellschaft zu bilden, gleich, ob es sich um eine kommunistische oder kapitalistische handelt. Von der Beantwortung der nun keineswegs mehr theoretischen Frage hängt die Zukunft unserer Gesellschaft ab: Was macht den Menschen fähig, die Grundziele seines Daseins zu institutionalisieren? Die Frage nach den Institutionen führt uns in Zusammenhänge, die dem gegenwärtigen Bewußtsein nicht länger durch bloße Aufklärung vermittelt werden können.

Wenn man gefragt wird nach der Bedingung, unter der ein Fortschritt in der Verwirklichung von Freiheit möglich sei, kann die Wirkung nicht übersehen werden, die uns die Politisierung aller Fragen des menschlichen Lebens aufgezwungen hat. Die Fragen der Religion, der Moral, der Anthropologie im weitesten Sinn und vor allen Dingen die Fragen der Zielsetzung gesellschaftlicher und ökonomischer Unternehmungen sind politische Fragen geworden. Als politische Fragen werden sie nicht nur nach der Vernunft der Argumente entschieden, die für sie ins Feld geführt werden, sondern auch nach der Fähigkeit eines Individuums oder einer Gruppe, die für die Entscheidung dieser Frage maßgebende Methode zu entwickeln, um sich im Zusammenhang der politischen Kräfte erfolgreich durchzusetzen. In der Form der Politisierung unterliegen alle diese Fragen der Logik der Macht. Es wäre daher illusionär, wenn man das verkennen würde. Daher ist es wichtig, zu wissen, was in der gegenwärtigen Gesellschaft eigentlich Macht bedeutet.

Wirklich mächtig ist nicht der, der zur Gewalt entschlossen ist. Hinter dem Kampf um die Herstellung einer entweder mehr kapitalistisch oder mehr kommunistisch organisierten Gesellschaft zeichnet sich unübersehbar eine Konstellation ab, in der es um die Existenz einer menschlichen Gesellschaft überhaupt geht. Wenn die Anwendung direkter oder indirekter Gewalt zur einzigen Methode der Durchsetzung gesellschaftspolitischer Ziele werden sollte, dann löst sich die sowieso schon minimale Einheit im demokratischen Konsensus aller Bürger auf, und der politische Kampf gehorcht der Logik und der Strategie des Bürgerkriegs. An die Stelle vernünftiger Begründungen treten dann entschlossene Dezisionen, an die Stelle tradierbarer Lehre permanente Indoktrination und Propaganda, an die Stelle verbindlicher Methodendiskussion tritt dann die freiwillige und spontane Formation eines kollektiven Bewußtseins, das sich aller Rechtfertigung enthoben weiß, da es von der Überzeugung getragen wird, den Willen eines unaufhaltsamen Prozesses zu erfüllen. Die konkrete Form der Praxis, in der das geschieht, nimmt dann die Gestalt eines Erziehungsprozesses an, in welchem jeder das Recht hat, jeden anderen zu erziehen, wenn er nur den Mut aufbringt, sich den dazu nötigen Grad emanzipatorischer Reife und Aufgeklärtheit zuzusprechen. Hieraus läßt sich entnehmen, daß in einer alle modernen Gesellschaften übergreifenden Weise der mächtig ist, der definiert, was Bildung ist, und das, woraufhin erzogen wird. Wer ist in dieser Gesellschaft mächtig, und wer verfügt über die Fähigkeit, Macht zu bilden, und woran liegt es, wenn vorhandene Macht verspielt wird?

Nicht nur für die Politiker, sondern fast für alle verantwortlich handelnden Menschen in unserer Gesellschaft trifft es zu, daß sie auf diese Prozesse, die für die Zukunft der Freiheit in unserer Gesellschaft von Bedeutung sind, nur noch reagieren und daß sie nicht imstande sind, den Prozeß in eine Richtung hin zu orientieren, in welcher dieser Prozeß mit der Freiheit vereinbar sein könnte. Daher die wichtige Frage: Wovon ist die Bildung von Macht abhängig, und wo ist in unserer Gesellschaft der Ort, an dem sich Macht bildet? Diese Frage ist darum so wichtig, weil es von ihrer Beantwortung abhängt, ob und wie eine Veränderung in der gesellschaftlichen Realität denkbar und möglich ist. Minoritäre Gruppen waren in den letzten Jahren imstande, erfolgreich das Bewußtsein – und über das Bewußtsein und ihre Sprache – eine ganze Gesellschaft zu verändern. Diese erstaunliche Tatsache war möglich, weil es diesen Gruppen gelungen ist, einen bestimmten Sprachgebrauch, eine Sprachregelung mit verbindlichen Konsequenzen tendenziell für alle Bürger, für alle Individuen in unserer Gesellschaft durchzusetzen. In einer solchen Situation muß die Frage nach der Macht – nicht nach der Gewalt, die versteht sich immer von selbst – völlig neu gestellt werden. Nicht nur die Ziele und die Mittel politischen Handelns haben sich geändert, sondern die Natur des Politischen selber. Bereits Nietzsche hatte erkannt, daß in der zukünftigen Gesellschaft diejenigen auch Träger der politischen Macht sein würden, die bestimmen und festlegen, wie in einer menschlichen Gesellschaft von den Dingen gesprochen wird, bei denen es um die Entscheidung des humanen Gehalts einer Gesellschaft geht.

Es ist nicht erstaunlich, daß es nur weniger kleiner Gruppen bedurfte, um eine Gesellschaft emanzipatorisch zu verändern, dann nämlich, wenn diese Gruppen entschlossen sind, die von der pluralistischen Gesellschaft über sich verhängte Sprachbarriere zu durchbrechen. Was die Voraussetzungen emanzipativen Selbstverständnisses betrifft, so gibt es ja im Sprachgebrauch zwischen den etablierten Gruppen – und zwar in allen Institutionen – und ihren Opponenten kaum noch eine Differenz. Strittig sind Fragen der Taktik, der Methode und der langfristigen Strategie. Kleine Gruppen können eine ganze Gesellschaft verändern, weil sie aus der Tatsache Konsequenzen gezogen haben, daß die sogenannten ideologischen Fragen Fragen sind, die für die Entwicklung auch der technologischen und ökonomischen Strukturen unserer Gesellschaft von entscheidender Bedeutung sind. Es kann durchaus sein, daß wir gar nicht über die kategorialen und begrifflichen Mittel verfügen, um zu begreifen, was geschieht, denn das, was geschieht, geschieht auf Grund der Normierung unserer sprachlichen Mittel, von dem zu reden, was ist.

Alle diese Prozesse, welche die Grundlagen einer pluralistisch verfaßten Gesellschaft in Frage stellen und zunehmend auflösen, sind nicht verständlich, wenn man nicht die Rolle berücksichtigt, die eine Theorie bei ihrer Ermöglichung gespielt hat. Die kritische Theorie, die neomarxistische Sozialphilosophie der Frankfurter Schule [1], hat den gesellschaftspolitischen Stellenwert von Theorie entscheidend verändert. Theorie in einem sich auf das geschichtliche Ganze beziehenden Sinn ist in einer qualitativ neuen Weise zu einer, wenn nicht zur alles entscheidenden Bedingung menschlicher Selbsterhaltung geworden. Der kulturkritische Neomarxismus hat die Philosophie ebenso liquidiert wie die Aktualität ihrer unabgegoltenen Fragen wieder sichtbar werden lassen wie keine Theorie vor ihr.

---

[1] Günter Rohrmoser, Das Elend der kritischen Theorie, Freiburg, Rombach, 3. Auflage 1973.

Wenn die Herausforderung einer freien Gesellschaft, also einer Gesellschaft, in der der einzelne eine reale Chance hat, an der Gestalt seines Daseins in Vernunft und Freiheit mitzuwirken, die Realität eines die Totalität des gesellschaftlichen Lebens umwälzenden Prozesses angenommen hat, dann hat die Unterscheidung von Reform und Revolution ihren Sinn verloren. Dann kann man aus der Ersetzung einer mehr reformfreudigen Regierung durch eine mehr pragmatisch die Konkursmasse verwaltende keinen Trost mehr schöpfen. Dann wäre es auch eine Selbsttäuschung, die Bedrohung der Freiheit zu personalisieren, sie mit zufällig im Vordergrund agierenden gleichzusetzen und sich mit der Feststellung zu beruhigen, daß die Zahlen des Vortrupps der Emanzipation gering seien und die Revolutionäre nur am Rande der Gesellschaft operieren. Die Strategie der kleinen Schritte hat zur Folge, daß die jeweiligen Programme und Aktionen nur die an der Oberfläche sichtbar werdenden und vorübergehenden Wellenschläge einer aus der Tiefe andrängenden Strömung sind, die sie selber mit fortreißt. Ein nicht zu übersehendes Symptom für den wirklichen Charakter der Bewegung ist die mehr unterschwellige Rezeption des Denkens Nietzsches, die sich im Kontext der neomarxistischen Kulturkritik vollzogen hat.

Absage an die Selbsterhaltung

Nach dem definitiven Scheitern aller Versuche, durch marxistisch angeleitetes revolutionäres Handeln Entfremdung aufzuheben, hat Nietzsche eine Aktualität gewonnen, die nach der Erfahrung mit dem Faschismus so nicht erwartet werden konnte. Die wachsende Bereitschaft, zur Lösung von Konflikten kein anderes Mittel als Gewalt für möglich zu halten, ist dafür ein Symptom. Folgt man der Entstehung und Entwicklung von Nietzsches Denken, so stellt sich sein Werk als der vielleicht radikalste Versuch dar, die im Wesen und Prinzip der modernen Welt angelegten Forderungen konsequent zu Ende zu denken. „In solchen Zeiten, wie heute, seinen Instinkten überlassen zu sein, ist ein Verhängnis mehr. Diese Instinkte widersprechen, stören sich, zerstören sich untereinander, ich definiere das Moderne bereits als den physiologischen Selbstwiderspruch."

Heute ist die moderne Gesellschaft in die Phase eingetreten, in der sie an ihren Widersprüchen zu zerbrechen droht. Der Ansatz Nietzsches ist radikaler als der des Neomarxismus.

Wissenschaft ist für Nietzsche eine Form methodischer und organisierter Praxis menschlicher Selbsterhaltung. In einer Marx noch übertreffenden Weise hat Nietzsche als die Wurzel aller Probleme der modernen Welt und einer jeden denkbaren Lösung den Menschen ausgemacht. In der Anthropologisierung des Revolutionsprinzips und in der Ersetzung der Revolution durch eine permanente Erziehung hat die gegenwärtige Gesellschaft dieser Einsicht Nietzsches Rechnung getragen. Dies bedeutet den Eingriff in die biologisch bedingte Bedürfnis- und Antriebsstruktur des Menschen als Voraussetzung realer Veränderungen gesellschaftlicher Strukturen. Wenn die pädagogische Theorie Sozialisation als das Grundproblem erzieherischen Handelns in der Gegenwart ansetzt, dann wird die Pädagogik zur Fundamentaldisziplin der Sozialwissenschaften.

Die Geschichte der Emanzipation hat im 20. Jahrhundert dem Schrecken Nietzsches mehr entsprochen als den Hoffnungen von Karl Marx [1]. Die marxistische Erwartung einer Gesellschaft, in welcher Technologie und Humanität wenigstens tendenziell sich ohne Entfremdung als vereinbar erweisen können, ist heute nur als utopische Erneuerung romantischer Traditionen möglich. Was Nietzsche daher nur leicht verhüllt bereits in der „Geburt der Tragödie“ als die Zukunft der modernen Welt ausspricht, ist ihre Selbstvernichtung aus Moralität. Die Praxis, die dieser Verwerfung entspringt, ist die Praxis des aktiv werdenden Nihilismus, die Zerstörung und ihre Lust. Es sollte zu denken geben, daß die Analyse des Fortschritts der modernen Welt auf ihre eigene aktive Selbstzerstörung in einer Zeit bürgerlicher Sekurität vollzogen wurde und nicht unter dem Eindruck der manifest gewordenen Barbarei des Faschismus. Es könnte sein, daß die heute vorgelegten Analysen von Politologen, Soziologen und neomarxistischen Sozialphilosophen daher gar nicht an die Wurzel dieses der emanzipativen Gesellschaft innewohnenden Zwangs zur Selbstzerstörung heranreichen.

Die Stadt der Zivilisation erscheint bereits beim frühen Nietzsche in dem fahlen Licht einer ausgeglühten Kraterlandschaft, die auch ohne atomare Katastrophen vom Tod alles wahrhaften Lebens zeugt. Die religionsgeschichtliche Zukunft eines entchristlichten Abendlandes sah Nietzsche nicht in der rational und mündig gewordenen Profanität, sondern in der geistigen Eroberung Europas durch asiatische Formen der Religiosität. Die-

[1] Günter Rohrmoser, Nietzsche u. das Ende der Emanzipation, Freiburg, Rombach 1972.

sen Gefahren setzte Nietzsche eine Umdeutung des traditionalen Begriffs von Kultur entgegen: den Begriff der Kultur als einer neuen und verbesserten Physis, ohne Innen und Außen, ohne Verstellung und Konvention, der Kultur als einer Einhelligkeit zwischen Leben, Denken, Scheinen und Wollen.

Es liegt eine eigentümliche Konsequenz im Ansatz Nietzsches, der den an der historischen Krankheit leidenden modernen Menschen am Weideglück des Tieres maß, – die dazu führt, daß als Hoffnung für die Zukunft das Reich der Jugend verkündigt wird. Der Verfall überkommener gesellschaftlicher Herrschaftsordnungen entläßt den Menschen nicht aus dem Zwang einer Formierung seiner eigenen Natur, sondern wirft zum ersten Mal die Frage auf, wodurch der Mensch nun gesellschaftsfähig gemacht werden kann. Auch hinter dem Willen zur Verneinung der Macht steht ein Bedürfnis nach Macht. Auch hinter dem Willen zur Aufhebung von Herrschaft steht ein Wille zur Herrschaft.

Die Konstellation, wie sie durch die Durchdringung von Marxismus und Psychoanalyse in der Gegenwart sich abzeichnet, hat Nietzsche in hellsichtiger Weise vorweggenommen. Die ihrer ökonomischen Motivation in den fortgeschrittenen Gesellschaften beraubte revolutionäre Theorie hat an die Stelle der Ökonomie die Ästhetik gesetzt. Das Ziel wird aus der Ästhetik genommen. Die Ästhetisierung politischer Praxis und ihre Begründung in einem ungeschichtlichen biologischen Fundament wiederholt, wenn auch in verwandelter Form, eine schon für den Faschismus kennzeichnende Konstellation. Eine in den Dienst der Erneuerung marxistischer Hoffnungen tretende Psychoanalyse soll Entfremdung erst bewußt machen. Das entfremdete Bewußtsein muß nun erst erzeugt werden. Erst die Gesellschaft ökonomischen Überflusses ermöglicht eine durch die Logik der Erfüllung bestimmte Gesellschaft. Es ist der von dem durch die gegenwärtige Gesellschaft manipulierten Individuen undurchschaute Mechanismus, der sie, ihren wahren Interessen entgegen, die repressive Realität bejahen läßt.

Das Prinzip der Revolution kann nicht mehr politisch sein, denn die Französische Revolution hat bereits die formale Demokratie, wenigstens ihrem Anspruch nach, verwirklicht. Die Revolution kann auch nicht mehr ökonomisch sein: In einem Land wie der Bundesrepublik nimmt der Lebensstandard tendenziell zu, und es funktioniert auch der Rechtsstaat wenigstens notdürftig. Eine politische und ökonomische Motivation für eine revolutionäre Totalumwälzung der Gesellschaft ist also nicht leicht evident zu machen. Was unter Kulturrevolution und permanenter Revolution verstanden wird, hat diese Transformation des Revolutionsprinzips in die Anthropologie zur Voraussetzung.

Es geht um eine revolutionäre Veränderung, die bis in die biologischen Strukturen des Menschen reichen soll. Es wird suggeriert, daß die Menschen vom Druck politischer Repression und libidinöser Frustration befreit werden könnten, sofern nur der erzeugte Reichtum in den Dienst eines befriedeten Daseins gestellt würde. Das Befreiende und das Unterdrückende seien in der Gesellschaft wechselseitig bedingt und durch Drängen einander so ununterscheidbar, daß ein zur Überwindung des verkehrten Ganzen geeignetes Subjekt nicht mehr ausgemacht werden kann.

Die paradoxe Wendung führt also zur Aufhebung des traditionalen Begriffs von Emanzipation, wie er noch dem Denken von Marx zugrunde lag. In ihrer vulgären Interpretation führt diese Theorie zu einer neuen Bestimmung der Rolle der Sexualität in der Befreiung von der Gesellschaft. Der revolutionäre Protest im Namen des unverwirklichten Lebens muß nicht die große Revolution selber sein, für die sie sich selbst hält und von vielen auch so verstanden wird, sondern kann auch Symptom einer an die Wurzel der bloßen Selbsterhaltung reichenden Erkrankung dieser Gesellschaft sein. Die Träger des revolutionären Protestes zeigen selber die Male der Deformation einer Gesellschaft, gegen die sie protestieren. Eine am Ziel totaler Befreiung orientierte Praxis ist mit den realen Bedingungen des Funktionierens einer modernen Industriegesellschaft unvereinbar. Ein revolutionärer Eingriff in das Funktionieren des technischen Produktionsapparates müßte die Gesellschaft in ihrer Existenz bedrohen.

Die Irritationen durch marxistischen Ökonomismus sollen den Blick nicht dafür verstellen, daß Revolution heute den Charakter einer Kulturrevolution angenommen hat. Die Kunst und ihre in die politische Praxis übertragenen Mittel sind der Ort, an dem Ursprung und Ziel des revolutionären Wirkens sich artikulieren. Nur hier in der Kunst überlebt vor seiner sich allerdings schon ankündigenden religiösen Erneuerung der Wille zu einer totalen Versöhnung [1]. Die unmittelbare Einheit von allem mit allem in der mythisch archaischen Tiefe des Ursprungs ist auch das Ziel. In ihr meldet sich durch Technik und Moral unterdrückte und gefesselte Natur. Der Aufstand der Natur gegen die ihr durch Herrschaft zugefügte Verstümmelung und Unterdrük-

---

[1] Günter Rohrmoser, Herrschaft u. Versöhnung, Freiburg, Rombach 1973.

kung vollzieht sich nicht mehr, wie Marx lehrte, in der Revolution des Proletariats, sondern in der Gestalt des ästhetisch sensibilisierten Leibes. Den revolutionären, schleichenden und gar nicht dramatischen Bewegungen, die den Grund der westlichen Zivilisation erschüttern und allmählich umwälzen, liegt die Erfahrung des von der Kunst zur Sprache gebrachten Ekels an der Gesellschaft zugrunde. Die Revolution aus dem Geiste der Ästhetik schließt die Absage an die Zwecke der Selbsterhaltung in sich ein. Nur noch die Kunst bringt den Wahn hervor, der das erschöpfte Individuum zur Fortführung des Lebens, wie die Erfahrung mit der Jugend zeigt, stimuliert. Diese Vorgänge können mit politischen und gesellschaftlichen Kategorien nicht mehr begriffen werden. In ihrer Politisierung nimmt die Kunst selber die Gestalt einer Aktion an, durch die vom schockierten Unbewußten her anthropologische Strukturen aufgebrochen und verändert werden sollen.

Die Rückverwandlung der durch eine formal abstrakte Ordnung nur notdürftig umklammerten Welt in ein für fruchtbar gehaltenes Chaos ist die Essenz dieser Bewegung. Der sexuelle Außenaspekt sollte die Einsicht in die tieferen Ursachen und Gründe dieser Erscheinungen nicht verstellen. Die Verkürzung des Verständnisses von Emanzipation, auch die Zerstörung sexueller Tabus und damit der scheinbar gelungenen Integration dieses Vorgangs in den Prozeß der sich von sich selber emanzipierenden bürgerlichen Gesellschaft ist die Form, in der ein qualitativ Neues die Hülle des alten annimmt. Wenn der Prozeß allerdings in seiner Begrifflosigkeit verharrt, dann könnte es sein, daß sich der transitorische Charakter der sexuellen Emanzipation nun in die Betäubung und Ausschaltung des Bewußtseins durch die Drogenpraxis oder in den Ausbruch in das Verbrechen fortsetzt. Wieder ist die Aktualität Nietzsches deutlich. Er verstand sich als Lehrer und Vorausverkünder einer – von ihm aus gesehen – zukünftigen Epoche der Geschichte, die der Logik des Schreckens gehorchen muß.

Nietzsche und die Heraufkunft des Nihilismus

Nun ist die Geschichte, die der Logik des Schreckens folgt, unsere eigene Gegenwart. Sie entfaltet sich in ihrer universalen, alle Bereiche des menschlichen Daseins erfassenden Intensität. Wenn man an die Bereicherung des Arsenals der Grausamkeit durch die Erfindung des psychischen Terrors denkt, durch welchen die jüngsten Träger des Emanzipationsprozesses sich ausgezeichnet haben, dann stellt auch diese Tatsache einen Kommentar zu der Frage nach dem Verhältnis von Nietzsche und Marx in der Gegenwart dar. Die von beiden Denkern in ihrer Notwendigkeit begriffene und daher geforderte totale Emanzipation von der Metaphysik vollzieht sich in der Tat in zunehmendem, immer bedrohlicherem Maße im Zeichen dessen, was Nietzsche die Logik des Schreckens nannte. Das hat Nietzsche klarer gesehen als irgendein anderer Denker sonst. Was Nietzsche aus der Emanzipation vom Glauben an den christlichen Gott hervorgehen sieht, sind Untergang, Zerstörung, Umsturz, Abbruch, Schrecken; und wovon er als einer unausweichlichen und für ihn feststehenden Notwendigkeit ausgeht, ist die Unhaltbarkeit aller bisherigen Moral.

Für Nietzsche ist die Kritik ohne Moral und der Versuch ihrer Neubegründung eine notwendige Konsequenz des Todes Gottes, das heißt: des Fortfalls des Grundes, auf dem alle bisherige Moral gegründet war. Wenn Gott tot ist, dann wird alle überkommene Ethik und Moralität hinfällig. Was ist in diesem Zusammenhang unter Moral zu verstehen? Wir gehen von der Bedeutung der Frage nach Ethos und Ethik aus. Ethos ist der Ort, an dem jemand wohnt, Ethik ist dann jene Praxis, durch die der Mensch für sich zu einem Gegenstand der Verwirklichung wird, die es ihm ermöglicht, bei sich selbst und in seiner Welt heimisch, zu Hause zu sein, so wie es bei Platon darauf ankommt, daß der Mensch es lernt, mit sich selbst befreundet zu sein. Von Natur ist es der Mensch nicht. Das wird er erst in einer Praxis, die das Wesen der Ethik ausmacht. Mit dem Hinfälligwerden aller ethischen Ordnungen und Traditionen in der emanzipierten Gesellschaft wird daher alles unvertraut und fremd. Unsere alte Welt wird täglich mißtrauischer und fremder. An die Stelle des Vertrauens tritt erst der Zweifel und schließlich das Mißtrauen, der Verdacht.

Der Geist ist seit und durch Nietzsche in sich ständig radikalisierenden Formen in die Schule des Verdachtes gegangen. Die Schule, die Nietzsche als die Schule des Mißtrauens und des methodischen und prinzipiell gewordenen Verdachts begründet, ist zur einzigen Stätte und Behausung des Geistes geworden. Die Schule des Verdachtes, der mißtrauischen Auflösung einer jeglichen Weise des Vorverständigtseins, bei Nietzsche ein geistiges, ein philosophisches Ereignis, ist inzwischen selber zu einer vertrauten Praxis des Menschen mit sich selbst und den Mitmenschen geworden. Der Satz Sartres „Die Hölle ist der Andere", der zentrale Satz über die gesellschaftliche Natur des Menschen in seiner Philosophie, ist zugleich ein wesentlicher Grundsatz von Nietzsches Anthropologie. Sartre hat in einer subtilen, existentiellen Psychopathologie die Konsequenzen aufgedeckt, die sich aus der höllischen Art ergeben, mit der die Menschen in der atheistischen Gesellschaft und der atheistischen Kirche miteinander umgehen. Der höllische Charakter dieses Umgangs ist bestimmt durch den Wechsel von Masochismus und Sadismus. Die Dialektik, so glaubt Sartre im Anschluß an Nietzsche das gesellschaftliche Sein des Menschen interpretieren zu können, ist die Bewegung, die dem Zirkel gehorcht, nach welchem der Sadismus den Masochismus und der Masochismus den Sadismus hervortreibt.

Die sich wechselseitig hervortreibende und darin potenzierende Bewegung ist der Prozeß, durch den der Mensch in einer prinzipiell unvertrauten Welt sich gezwungen sieht, entweder den anderen zu unterwerfen oder, wenn das nicht gelingt, sich dem anderen. Die Dialektik von Herrschaft und Knechtschaft tritt damit nach Hegel und Marx bei Nietzsche in ein neues Stadium. Sie wird von Nietzsche reflektiert im Hinblick auf den Verfall der Moralität. Alle Konsequenzen, die sich aus dem Tode Gottes für ihn ergeben, faßt Nietzsche in der Aussage zusammen, daß das Gesetz des Zeitalters nach der Tötung Gottes der Nihilismus sein werde. „Was ich erzähle, ist die Geschichte der nächsten zwei Jahrhunderte. Ich beschreibe, was kommt, was nicht mehr anders kommen kann: Die Heraufkunft des Nihilismus. Diese Geschichte kann jetzt schon erzählt werden, denn die Notwendigkeit selbst ist hier am Werke. Diese Zukunft redet schon in hundert Zeichen, dieses Schicksal kündigt überall sich an; für diese Musik der Zukunft sind alle Ohren bereits gespitzt. Unsere ganze europäische Kultur bewegt sich seit langem schon mit einer Tortur der Spannung, die von Jahrzehnt zu Jahrzehnt wächst, wie auf eine Katastrophe los: unruhig, gewaltsam, überstürzt; einem Strom ähnlich, der ans Ende will, der sich nicht mehr besinnt, der Furcht davor hat, sich zu besinnen."

Nietzsches Philosophie ist eine Philosophie des Mutes, sich zu besinnen. Sie ist Gestalt und Ausdruck einer universalen und radikalen Besinnung auf das Ereignis und die Konsequenzen des Ereignisses, das Nietzsche den Nihilismus nennt. In diesem Sinne ist Nietzsches Denken Philosophie. Unter dem Nihilismus denkt Nietzsche die Geschichte, die kommt und die als die ankommende jetzt schon erkannt und erzählt werden kann. Nihilismus ist also hier nicht identisch mit einer Theorie, die besagt, alles ist im Grunde genommen nichts, sondern eine Geschichte, die sich vollzieht und die die Geschichte der europäisch-christlichen Kultur in ihrem Grunde ausmacht und in die sie sich jetzt wandelt. „Was bedeutet Nihilismus? – Daß die obersten Werte sich entwerten. Es fehlt das Ziel; es fehlt die Antwort auf das ‚Wozu'."

Als Nihilismus wird also von Nietzsche eine Verfassung der Welt und ein geschichtlicher Zustand angesprochen, der dadurch bestimmt ist, daß es keine Antwort auf die Frage nach dem Telos des Ganzen gibt. Nietzsche hat gesagt, daß wir das erste Geschlecht seien, das keine Antwort auf die Frage nach der Wahrheit hätte. Sein Denken stellt den Versuch dar, ein Experiment mit der Wahrheit anzustellen. In diesem Sinne ist Nietzsches Philosophie als eine Experimentalphilosophie zu verstehen. Wie aber ist es möglich, mit der Wahrheit unter Bedingungen zu experimentieren, die eine Erkenntnis der Wahrheit nicht zulassen? Nietzsche geht so vor, daß er beabsichtigt, die Wahrheit über die Wahrheit an den Tag zu bringen. Seine geschichtsphilosophisch bestimmte Theorie bildet dabei den Horizont für dieses Experiment.

Der radikal gewordene Nihilismus steht in diesem Zusammenhang für die Überzeugung, daß das Dasein sich als unhaltbar erweist, wenn es sich um die höchsten Werte handelt, die das Dasein für sich selber verbindlich anerkennt. Für Nietzsche wird also im Begriff des Nihilismus nicht eine geschichtliche Verfassung des Daseins angesprochen, für das es keine Überzeugung mehr gibt. Im Gegenteil: Es gibt sehr wohl anerkannte und ausgemachte Überzeugungen über höchste Werte. Ohne diese Voraussetzung wäre die Rede vom Nihilismus sogar sinnlos. Es geht vielmehr um das Verhältnis dessen, was das Dasein für seinen höchsten Wert hält, zu dem faktischen Dasein selber. Erst aus der Perspektive seines höchsten Wertes beurteilt, erweist sich das Dasein als unhaltbar. Erst wenn sich die geschichtliche Wirklichkeit in der Perspektive seiner höchsten Werte als unhaltbar herausstellt, dann tritt ein, was Nietzsche die Herrschaft des Nihilismus nennt.

Für das gegenwärtige Zeitalter ist der höchste Wert die Verwirklichung von Humanität. Wenn man von diesem Wert aus auf die Wirklichkeit des Zeitalters blickt, dann ist diese geschichtliche Wirklichkeit unhaltbar. Nietzsche begnügt sich aber nicht mit der Feststellung der eingetretenen Herrschaft des Nihilismus, sondern stellt die Frage nach der Genealogie, nach seiner Herkunft. Welche Kraft ist verantwortlich für die Heraufkunft des Nihilismus? „Aber unter den Kräften, die die Moral großzog, war die Wahrhaftigkeit: diese wendet sich endlich gegen die Moral, entdeckt ihre Teleologie, ihre interessierte Betrachtung – und jetzt wirkt die Einsicht in diese lange eingefleischte Verlogenheit, die man verzweifelt, von sich abzutun, gerade als Stimulanz. Wir konstatieren jetzt Bedürfnisse an uns, gepflanzt durch die lange Moral-Interpretation, welche uns jetzt als Bedürfnisse zum Unwahren erscheinen: andererseits sind es die, an denen der Wert zu hängen scheint, deretwegen wir zu leben aushalten. Dieser Antagonismus – das, was wir erkennen, nicht zu schätzen und das, was wir uns vorlügen möchten, nicht mehr schätzen zu dürfen – ergibt einen Auflösungsprozeß." Dies ist die Antinomie: „Sofern wir an die Moral glauben, verurteilen wir das Dasein."

Der Nihilismus, die Verneinung der Moral, ist also für Nietzsche eine Konsequenz aller bisherigen Moral. Beim Nihilismus geht es um einen Vorgang, in welchem sich die Moral gegen sich selbst wendet. Die Moral löst sich in der Wendung gegen sich selber auf. Auf dem Boden der sich auflösenden Moral ist ein moralisches Bedürfnis im Menschen erzeugt worden, das sich gegen die Moral wendet, die es selber hervorgebracht hat. In der Auflösung der Moral durch die in der Moral entwickelte Wahrhaftigkeit, die sich gegen ihren eigenen Grund wendet, denkt Nietzsche auf eine höchst praktische Weise ebenso geschichtlich wie dialektisch. Nicht zufällig bestimmt er den nihilistischen Weltzustand durch den Begriff des Antagonismus, der aufgebrochen ist zwischen dem, was wir erkennen, und dem, was wir schätzen. Die methodisch erkannte Wirklichkeit widerlegt die Werte, und die Werte widerlegen die Wirklichkeit. Wenn die Wirklichkeit, die ist, und der Wert, der sein soll, unvermittelt und antagonistisch auseinander- und einander entgegentreten, dann tritt der Nihilismus ein.

Der Nihilismus Nietzsches bildet den Horizont und radikalen geschichtlichen Hintergrund der Emanzipationsbewegung. Wo sich die Bewegung diesem Nihilismus mit Hilfe von Marx verbergen will, fällt sie auf die Gestalt der Religiosität zurück, die von Marx und Engels zum Ausgangspunkt gemacht wurde: auf Ludwig Feuerbach.

Feuerbach gehört zu den Gestalten des 19. Jahrhunderts, deren Aktualität nicht bestritten werden kann. Diese Aktualität müßte ihm auch dann zuerkannt werden, wenn er nicht die bekannte Rolle in der Genese des Marxismus gespielt hätte. Er gehört zu den produktiven Geistern, die revolutionäre Veränderungen einleiten und die von der Universität mit einer für sie im allgemeinen ungewöhnlich heftigen Leidenschaft bekämpft wurden. Es ist vielleicht im Lichte gegenwärtiger Erfahrungen nicht uninteressant, daran zu erinnern, daß eine studentische Initiative ihm nach vielen Jahren des Asyls auf dem Lande ermöglichte, vor einem größeren Auditorium zu lehren. Wer unbefangen von marxistischen Obsessionen des neorevolutionären Bewußtseins urteilt, könnte sogar von einem späten Triumph Feuerbachs über seinen radikaleren Schüler in der Gegenwart sprechen. Die Erinnerung an seinen Tod vor nunmehr 100 Jahren hat daher nicht nur die Bedeutung eines historischen Gedenkens, sondern bietet den willkommenen Anlaß, die Gegenwart als eine Epoche zu erfahren, die in seinem Zeichen steht.

Die Entscheidungen, die Feuerbach im Sinne einer revolutionären Wende des Bewußtseins, einer Verwandlung der Theologie in Anthropologie, einer Verwirklichung des Menschen in der sinnlichen Unmittelbarkeit durchsetzen wollte, sind zu den selbstverständlichen Voraussetzungen des menschlichen Selbstverständnisses unserer Zeit geworden. Marx hat die Aneignung der Leistung Feuerbachs als einen Durchgang auf dem Wege zur revolutionären Praxis für so bedeutsam gehalten, daß er die Forderung aufstellte, wir alle müßten durch den Feuerbach hindurch. Warum? Weil Feuerbach die auch für Marx grundlegende Kritik geleistet hat, die Kritik an der geschichtlichen Religion. Die Kritik an der Religion bedeutet die Destruktion der Theologie, ihrer sie tragenden metaphysischen Grundlagen und Voraussetzungen und damit den Kampf gegen das Christentum als einer den Menschen entfremdenden Macht.

Die von Feuerbach geforderte Verwandlung von Theologie in Anthropologie schließt die Überzeugung in sich ein, daß der Mensch in der Religion nur mit sich selbst zu tun habe. Dieser Gedanke hat Epoche gemacht. Es gibt nur noch den Menschen im Verhältnis zur Natur und zum anderen Menschen. Es gibt nur zwei Realitäten: die ihn bestimmenden Grundmächte Gesellschaft und Natur. Wenn der Mensch es aber in allen religiösen

Verhältnissen im Grunde und eigentlich nur mit sich selbst und seiner Gattungsnatur zu tun hat, dann muß die Frage gestellt werden, wie es möglich war, daß der Mensch sich über die Wirklichkeit durch Religion so täuschen konnte.

Bei Feuerbach erscheint die Religion als das Produkt einer Verwechslung des Scheins mit der Realität. Diese Verwechslung werde in der Religion nicht erkannt, und so sei die Religion das Produkt einer bewußten oder unbewußten, einer zufälligen oder unter bestimmten Bedingungen unausweichlich gewordenen Täuschung des Menschen über sich selber. Dann muß die Religionskritik die Gestalt einer Aufklärung über diese Täuschung annehmen. Religion ist Gestalt und Ausdruck einer Selbstentfremdung des Menschen. Die Aufklärung der Herkunft der religiösen Gegenstände aus einer in der Religion bewußtlos gebliebenen Projektion führt dann zu der Aufforderung, sich das entfremdete Eigene wieder anzueignen, und die Aneignung der entfremdeten Gattungsnatur ist nun das, was Feuerbach unter der Verwirklichung von Religion versteht [1].

Die durch die Feuerbachsche Fortführung der aufgeklärten Religionskritik verwandelte Gestalt von Religion hat zu ihrer Mitte den Satz, daß der Mensch für den Menschen das höchste Wesen ist. Wahre Religion verwirklicht sich nun im Verhältnis von ich und du. Da für Feuerbach nur wirklich ist, was in der sinnlichen Unmittelbarkeit unmittelbar erfahren werden kann, wird das Geschlechtsverhältnis zum Ort der Verwirklichung von Religion. Karl Barth hat dem später die innertrinitarische Begründung hinzugefügt. Auf die Frage, wie die Natur dazu komme, sich in ihrem eigenen Produkt, dem Menschen, selbst zu entzweien, gibt es bei Feuerbach keine Antwort. Der Weg zur neuen Naturreligion und ihren Mythologien ist frei. Für Feuerbach ist das Motiv seiner Religionskritik die praktische Auflösung des Christentums in der modernen Gesellschaft, die durch Technik und Wissenschaft die Macht der Natur gebrochen hat. Unter den Bedingungen einer durch Wissenschaft und Technik möglichen Beherrschung der Natur muß daher an die Stelle der alten Religion die Politik als die neue Religion treten. Sexualität und Politik werden zu den beiden Brennpunkten religiöser Auslegung des menschlichen Daseins.

Ähnlich dem Marxismus wurde die Feuerbachsche Religionskritik inzwischen zu einer grundlegenden Voraussetzung für die

---

[1] Günter Rohrmoser, Emanzipation u. Freiheit, München, Goldmann 1971.

Bestimmung des Verhältnisses der modernen evangelischen (und zunehmend auch katholischen) Theologie zur Religion überhaupt. Auch die christlichen Theologiestudenten müssen nun durch den Feuerbach hindurch. Die Anerkennung der atheistischen Resultate der Feuerbachschen Religionskritik soll nach dem Willen der modernen Theologie Bedingung für ein wahrhaft christliches Verhältnis zur christlichen Wahrheit sein. Und da die von Feuerbach übernommenen atheistischen Voraussetzungen sich gegen die Theologie selbst richten, ist es nicht erstaunlich, daß christliche Theologen, mehr in der Praxis als in der Theorie, an der Möglichkeit von Theologie zu zweifeln beginnen. Was aus einer auf Feuerbach aufbauenden Theologie hervorgehen konnte, ist nun deutlicher als bisher. Was Feuerbach wollte, ist zum weithin anerkannten Programm der Theologie geworden: Politik und Sexualität sind die wesentlichen Formen, in denen der Mensch glaubt, seine Bestimmung und religiöse Natur zu verwirklichen. Die Gott-ist-tot-Theologie und die Versuche, Gott als eine bestimmte Weise der Mitmenschlichkeit zu interpretieren, haben Feuerbach zu einem der maßgebenden Kirchenväter des 20. Jahrhunderts werden lassen. Um so bedeutsamer ist es nun, die Schicksale des marxistischen Gedankens, vor allem in der westlichen Welt, in ihrer Herkunft aus dem unbewältigten Feuerbachschen Erbe zu begreifen. Feuerbach hat nach Marx den „wahren Materialismus", die „reelle Wissenschaft" begründet, indem er „das gesellschaftliche Verhältnis des Menschen zum Menschen zum Grundprinzip gemacht hat". Dagegen hat Marx die Herleitung der Religion aus dem Verhältnis des Menschen zur Natur nicht als Antwort auf die Frage nach ihrem Grund anerkannt. Feuerbachs Theorie ist für ihn Ideologie. Das Moment gegenständlicher Tätigkeit, die gesellschaftlich geschichtliche Praxis, fällt aus. Wenn Marx zwischen dem Materialismus (auch dem Feuerbachs) und dem Idealismus zu wählen gehabt hätte, würde er sich für den Idealismus und seine Wahrheit entschieden haben. In dem abstrakt sentimentalen und ungeschichtlichen Brüderlichkeitskult Feuerbachs und seiner religiösen Verklärung des Geschlechtslebens vermochte er nicht mehr als die Spiegelung der Lage des Kleinbürgers in der bürgerlischen Gesellschaft zu sehen.

Der Feuerbachschen Beschwörung der Natur entspricht in der modernen Welt tatsächlich keine Wirklichkeit mehr. Durch bloße Aufklärung über den angeblich fiktiven Charakter religiöser Gegenstände kann das Christentum im Bewußtsein der Menschen nicht beseitigt werden. Das können nur Intellektuelle meinen, die der Praxis entfremdet sind. Die Religion könnte nur, wie der Staat, absterben, wenn das Proletariat in der Revolution die reale, weil gesellschaftlich bedingte Entfremdung aufgehoben hätte. Diese Revolution aber hat sich auf der Welt nirgendwo ereignet. Daher mußten die kommunistischen Systeme den Atheismus zur Staatsreligion erklären. Die antireligiöse Propaganda kämpft in der kommunistischen Bewegung mit den Argumenten Feuerbachs.

Doch nicht nur im Osten triumphiert Feuerbach über seinen radikaleren und philosophischeren Schüler. „Der Geist der Zeit oder Zukunft ist der des Realismus. Die neue Religion, die Religion der Zukunft, ist die Politik. In religiöser, allgemeiner Form ausgesprochen, ist ihr Prinzip: der Glaube an den Menschen als die höchste und letzte Bestimmung des Menschen und ein diesem Glauben gemäßes Leben für den Menschen mit dem Menschen." Mit diesen Worten hat Feuerbach hellsichtig vorweggenommen, was sich nicht als die neue, sondern als die letzte Religion des Menschen in den Industriegesellschaften des 20. Jahrhunderts darstellt. Der fromme Atheismus Feuerbachs ist die selbstverständliche religiöse Einstellung und Haltung im Weltalltag unserer Epoche.

Alle Anstrengungen von Nietzsche und Marx, die schwülstig sentimentale Pseudoreligiosität Feuerbachs zu überwinden, sind an dem gescheitert, was Feuerbach „das Herz der Religion" nannte. Wir haben die Frage von neuem gestellt, ob wir durch den Feuerbach hindurch müssen. Der Bach wurde inzwischen zum reißenden Strom, in dem wir, ohne erkennbare Aussicht auf ein rettendes Ufer, treiben. Keine noch so subtile spekulative Konstruktion wird daran etwas ändern. „Nur der Mensch hat das Recht, den Menschen zu richten, nur der Mensch kennt den Menschen, das heißt, der Mensch richtet sich selbst, moralisch unmittelbar durch sich selbst, durch sein Gewissen, politisch durch eine dritte Person." Das ist die Konsequenz. Wenn das Christentum praktisch abgeschafft ist, dann ist der Mensch dem Menschen nicht nur das höchste Wesen, sondern dann ist es ihm auch unentrinnbar ausgeliefert. Die Art, in der Menschen in diesem Jahrhundert Gericht gehalten haben über Menschen und dies weiterhin tun, ist die Erfahrung, an der die neue Religion Feuerbachs gemessen werden muß.

Theologie und Revolution

Theologen beider Konfessionen bemühen sich in intensiver Weise um eine Grundlegung des Verhältnisses von Christentum und Marxismus. Die Bemühungen der Paulus-Gesellschaft fanden ihren bisherigen Höhepunkt in einem Treffen in Marienbad in der Tschechoslowakei, also in einem vom Kommunismus beherrschten Lande, auf dem katholische und evangelische Theologen mit Theoretikern des Marxismus über Möglichkeiten und Grenzen eines christlich-marxistischen Dialoges diskutierten. Die Entschiedenheit, mit der sich die katholische Kirche nach dem Konzil um eine Herstellung des Verhältnisses der Koexistenz auch im Bereich der sogenannten ideologischen Fragen bemüht, hat die Tatsache fast vergessen lassen, daß die evangelische Kirche die Auseinandersetzung mit dem Marxismus bereits kontinuierlich seit 20 Jahren in der Marxismuskommission der evangelischen Studiengemeinschaften in Heidelberg führt. Von den Einsichten und Ergebnissen aus, die in der langjährigen Teilnahme an dieser Arbeit gewonnen wurden, soll nun versucht werden, den Stand des gegenwärtigen Gespräches von Christentum und Marxismus zu bestimmen.

Es ist keine Frage, daß sich die außerordentlich weitgehende Annäherung der Standpunkte in dem Dialog, dort wo er geführt wird, nur aus dem grundlegenden Wandel der gesellschaftlichen und politisch-geschichtlichen Voraussetzungen erklären läßt, der beide Partner in diesem Gespräch ebenso unmittelbar wie kritisch betrifft. Diese Veränderung der realgeschichtlichen Voraussetzungen trifft den Marxismus in seiner ursprünglichen Gestalt mindestens ebenso stark wie die Theologie unter den gegenwärtigen Bedingungen einer industriellen Wirtschaftsgesellschaft. Das Resultat einer wechselseitigen Bestimmung von Marxismus und Theologie in der Gegenwart ist um so paradoxer, als die politische Konstellation nach dem Kriege für beide Mächte günstiger war als irgendwann seit der Mitte des 19. Jahrhunderts. Die säkulare Welt schien durch den Ausgang des Zweiten Weltkrieges in entscheidender Weise geschwächt worden zu sein. Der Tod Stalins verprach im kommunistischen Herrschaftsbereich durch eine Lockerung des terroristischen Gewaltsystems die Chance zu bieten, einen freieren und den positiven humanen Kern des Marxismus verwirklichenden Kommunismus zu etablieren.

Doch eben die machtpolitische Gunst der geschichtlichen Stunde hat zur Entwicklung einer gegenseitigen geistigen Angleichung der Positionen geführt, die in einem befremdenden und unüberbrückten Gegensatz zu den gesellschaftlich-politischen Realitäten steht, die eben die Annäherung im ideologischen Bereich motiviert haben. Es geht ja in dem gegenwärtigen Dialog zwischen Christen und Marxisten nicht mehr nur um die Möglichkeit bloßer Koexistenz, sondern um den Versuch, sachliche Gemeinsamkeiten in den Voraussetzungen und gesellschaftlich-politischen Zielen zu finden und herauszustellen. Man geht von der Voraussetzung aus, daß man der ständigen Auseinandersetzung und des unaufhörlichen Dialoges mit dem anderen bedarf, um zu dem Eigenen zu kommen.

Der Marxismus sucht sich in einer qualitativ neuen Weise das religiös christliche Erbe anzueignen, so wie sich der christliche Theologe Voraussetzungen, Methoden und Ziele des Marxismus positiv zueignet. Es wäre überspitzt, aber nicht ganz falsch, wenn man von einer Theologisierung des Marxismus und von einer Sozialisierung der Theologie spräche. Jedenfalls bewegen sich beide, von ihren einander ursprünglich entgegengesetzten Voraussetzungen aus, aufeinander zu. Diese Bewegung aufeinander hin, so wie sie sich gegenwärtig mit einem unterschiedlichen Grade der Intensität und Ausdrücklichkeit zu vollziehen scheint, bedarf der Interpretation.

Positiv ist dieser Vorgang zu bewerten, als er dem Willen und der Realität einer allen Menschen gemeinsamen Zukunft in einer Welt entspricht, in der sich die Menschheit auf dem geschichtslosen Boden einer technisch-industriellen Reproduktion ihres natürlichen Lebens ebenso tendentiell vereinigt, wie sie in zunehmendem Maße dazu neigt, alle die bloße natürliche Selbsterhaltung übersteigenden Fragen eines geistigen Inhalts substantiell geschichtlicher Einheit als ideologieverdächtig auszuklammern. Von diesem Verdacht ist aber der Marxismus heute ebenso betroffen wie die christliche Theologie. Die von Karl Marx an den Vollzug der gesellschaftlichen Revolution geknüpfte Hoffnung auf Aufhebung aller, also auch religiöser Gestalten menschlicher Selbstentfremdung ist durch den Gang der Geschichte ebenso dementiert worden wie die von der existentialen christlichen Theologie gehegte Hoffnung, das Erleiden geschichtlicher Katastrophen vermöchte auf die Dauer und von neuem die Aktualität des christlichen Glaubens wieder herzustellen. Die Beschwörung einer alle bisherige Geschichte an positiver menschlicher Selbstverwirklichung überbietenden Zukunft, in deren Namen der gegenwärtige Dialog geführt wird, sollte nicht den Unterton von Enttäuschung und Verbitterung überhören lassen, den die geschichtliche Gegenwart für die christliche Theologie wie für den Marxismus erzeugt.

So läßt sich auch als entscheidender Einwand gegen den bisherigen Verlauf des Dialogs von Christentum und Marxismus die einseitige Ausrichtung auf die Zukunft machen. Das Gespräch geht von rein theoretischen, also für einen Marxisten ebenso wie für den Christen abstrakten Voraussetzungen aus. Es gehört zu den Grundlagen und Voraussetzungen des gegenwärtigen Dialoges, auf die sich beide Partner geeinigt haben, daß von der Praxis, der real-geschichtlichen Bewährung des theoretisch Gemeinten oder im Glauben Gewollten, abgesehen werden soll. Das klingt plausibel. Es wäre sicher nicht ergiebig, wenn man sich gegenseitig die Verfehlungen und Versäumnisse der Vergangenheit aufrechnen wollte. Denn in der Auslegung aller bisherigen Geschichte als einer Geschichte bloßen Verfalls, zunehmender Entfremdung und wachsender Enttäuschung scheint man sich völlig einig zu sein.

Indem aber die geschichtliche Gegenwart als ein bloß verschwindender und sich aufhebender Durchgang für den alles Sein verwandelnden Aufbruch in Zukunft verstanden wird, reduziert sich die Differenz, um die zwischen Marxisten und Christen noch gestritten wird, auf den Unterschied in der Einschätzung der an keiner Realität mehr überprüfbaren und als positiv unterstellten zukünftigen Möglichkeiten. Die Vereinigung und wechselseitige Durchdringung von Marxismus und Theologie scheint sich auf dem Boden eines gedämpften Optimismus zu vollziehen. Der Rückzug in das unbestimmte Sein einer mit der Gegenwart und der geschichtlichen Erfahrung völlig unvermittelten Zukunft macht die hier bezogenen Positionen und vertretenen Theorien unangreifbar, was natürlich keine Beeinträchtigung ihrer psychologischen Wirksamkeit zu bedeuten braucht.

Wer hier zu widersprechen geneigt ist, setzt sich dem Verdacht aus, kein Menschenfreund zu sein und die Geschäfte böser, an bloßer Unterdrückung interessierter, an sich überflüssig gewordener und darum irrationaler Herrschaft zu betreiben.

Eine solche Vereinigung im Namen des Prinzips Zukunft war natürlich nur auf Grund tiefgreifender Wandlungen des jeweiligen Selbstverständnisses der den Dialog führenden Partner möglich. Die kommunistische Praxis bedeutet offensichtlich nicht, wie auch von keinem Marxisten mehr bestritten wird, positive Verwirklichung der Humanität im ursprünglichen Marxschen Sinne, ja es muß befürchtet werden, daß der Marxismus im Versuch der Herstellung der Bedingungen für eine solche Verwirklichung der Welt ohne Entfremdung gerade das Subjekt auflöst, das sich sein in der bisherigen Geschichte vorenthaltenes Wesen nach Marx erst im Kommunismus aneignen können sollte. Die Marxsche Unterstellung, daß in der Aneignung seiner gesellschaftlichen Gattungsnatur in der Revolution des Proletariats das Individuum zu sich selbst und zu seinem Eigenen käme, ist auch für heutige Marxisten problematisch geworden, und zwar eben durch den Kommunismus selber. Die Alternative zum Stalinismus bedeutet nicht die politisch-gesellschaftliche Praxis einer unmittelbaren Herstellung des totalen Menschen, sondern, wie die Entwicklung des Sowjetkommunismus und wie seine Auslegung durch Chruschtschow zeigte, den Gulaschkommunismus.

Der Gulaschkommunismus als zukünftige Wirklichkeit marxistisch inspirierter und von ihm bestimmter Praxis ist aber bereits, worauf westliche Marxisten bestehen, Gegenwart in der westlichen Überflußgesellschaft als einer Gesellschaft menschlicher Entfremdung im Konsum. Es ist die Aporie im marxistischen Zukunftsentwurf, welche die Frage nach der Rolle des Individuums, der Bedeutung der Sinnfrage menschlichen Daseins und damit der Aneignung des religiös-christlichen Erbes neu stellen läßt. Es wäre durchaus möglich, daß die Erfahrung des Leidens von Menschen durch Menschen, die subjektiv das Beste wollten, bewirkt, daß die Aneignung des religiösen Erbes unter den Bedingungen kommunistischer Herrschaft zu einer Aktualisierung gerade der reformatorischen Grunderfahrung führt, die im Erleiden von Welt und Selbst Freiheit für den einzelnen durch Gottes Handeln im Zugriff des Evangeliums begründet. Indem aber der Marxismus heute die Frage nach seinem ursprünglichen Sinn unter Bedingungen zu stellen gezwungen ist, die er selbst mit zu verantworten hat, wird ihm die Vollendung der Geschichte im Zeichen seiner Exklusivität zweifelhaft.

Der Wille, diese Geschichte, die durch den Kommunismus selbst in aller Welt in Gang gekommen ist, zu einem halbwegs guten Ende zu bringen, läßt ihn nach Partnern in unserer Welt Ausschau halten, die wenigstens in diesem guten Willen mit ihm übereinstimmen. Vielleicht besteht das Positive, aber auch die Grenze einer Theologie der Revolution in der Gegenwart darin, daß sie merkwürdig unbewegt durch die Erfahrungen, die Menschen mit den Revolutionen in unserem Jahrhundert zu machen gezwungen waren, von der Substanz christlichen Glaubens in das Gespräch nicht mehr einzubringen vermag als die radikal eschatologisch begründete Zuversicht, daß es genüge, einen solchen entschlossenen Willen zu haben, die Welt im Interesse befriedeter, autonomer und von allem Zwang freigewordener Menschlichkeit zu ändern. Heil im christlichen Sinne bedeutet „nicht Seelenheil, individuelle Rettung aus der bösen Welt, Trost im angefochtenen Gewissen allein, sondern auch Verwirklichung eschatologischer Rechtshoffnung, Humanisierung des Menschen, Sozialisierung der Menschheit, Frieden der ganzen Schöpfung" (Moltmann, Theologie der Hoffnung).

Nach der Beseitigung der Metaphysik in der These ihres Endes, der Rezeption der atheistischen Religionskritik von Feuerbach, totaler Eschatologisierung aller Inhalte der christlichen Theologie und der erfahrenen Ohnmacht der Existential- und Sprachtheologie ist diese Umfunktionalisierung christlicher Hoffnung auf die Ebene der Vorstellungen einer gesellschaftlichen Revolution nicht mehr so erstaunlich. Die Verständigung mit der politisch-gesellschaftlichen Revolution bedeutet dann kein ernsthaftes Problem mehr, wenn christliche Zukunft der Logik der Utopie folgt. Seltsamer mutet es jedoch an, daß diese Umfunktionalisierung der Theologie auf Utopie als Exodus der Theologie aus dem Getto der Metaphysik und bloßer, unverbindlicher Innerlichkeit gefeiert wird. Der Fortschritt ist so groß nicht, wie er auf den ersten Blick hin erscheint. Das klassische, eigentlich nur bei Luther und Hegel durchbrochene und entscheidend in Frage gestellte Schema der Auslegung des Seins nach den Bereichen der Immanenz und Transzendenz kehrte in der Form einer reinen Verzeitlichung wieder, so, daß nun zwischen einer Zukunft geschieden wird, deren Subjekt der Mensch ist, von einer solchen, die Gottes ist. Da die Marxisten daran festhalten, daß für alle Geschichte, und daher auch für alle zukünftige, nur der Mensch aufkommt und die Theologen das zwar zugestehen, aber unter dem Vorbehalt, dahinter käme noch eine andere, nämlich die Geschichte des immer nur zukünftigen Gottes, hat sich eigentlich gar nichts geändert. Die Gemeinsamkeit zwischen Marxismus und Christentum ist eine solche bloßer, als zukünftig unterstellter Möglichkeiten, für die nur noch ein Subjekt gefunden werden müsse, das fähig und willens ist, sich in den Dienst der Verwirklichung dieser Möglichkeiten zu stellen. Da das Proletariat entwickelter Industriegesellschaften sich geweigert hat und immer noch weigert, die ihm in der Marxschen Theorie zugedachte Rolle eines Retters der Menschheit zu übernehmen, ist der Gedanke – von den gemachten Voraussetzungen aus – nicht mehr völlig abwegig, diese Funktion den Christen, wenn auch mit eschatologischem Vorbehalt, übernehmen zu lassen.

Die innere Reserve, die liberale und sich als positiv im Sinne moderner Wissenschaft verstehende Wissenschaftler angesichts der den Dialog von Marxismus und Theologie beherrschenden Voraussetzungen erkennen lassen, ist verständlich, aber nicht wirklich produktiv. Die festen Konturen zweitausendjähriger christlicher Theologie wie genuin marxistischer Theorie revolutionärer Praxis drohen in diesem etwas gespenstig anmutenden Dialog zu verschwimmen. Es dürfte daher notwendig und nützlich sein, an den Zusammenhang von Religionskritik und Revolution bei Marx zu erinnern.

Von Theoretikern des Marxismus, die sich in der Gegenwart um seine Erneuerung bemühen, ist immer wieder gefordert worden, die Dialektik auch auf den Marxismus selber und seine Geschichte anzuwenden. Darauf kommt es in der Tat an. Es ist bemerkenswert, daß diese berechtigte Forderung von den Theologen, die den Marxismus teilweise zu rezipieren versuchen, nicht eingelöst wird. Es kann doch nicht übersehen werden, daß die geschichtliche Wirkung des Marxismus nur dialektisch begriffen werden kann. Die Geschichte hat die Marxsche Theorie bestätigt, indem sie von der Geschichte gleichzeitig widerlegt wurde. Die Geschichte hat den Marxismus bestätigt, als die von Marx erhobene Forderung einer totalen Vergesellschaftung des Menschen sich in dem Maße vollzieht, wie die Geschichte fortschreitet. Soweit die marxistische Theorie noch ein das Bewußtsein bestimmendes Element ist, erfüllt sie die Funktion, diesen epochalen Vorgang zu bejahen, zu beschleunigen und noch vorhandene Differenzen zwischen dem individuellen Bewußtsein und dem gesellschaftlichen Gesamtprozeß auszugleichen.

Die Geschichte hat aber Marx auch widerlegt, indem die an diesen Vorgang geknüpfte Hoffnung auf eine Aufhebung menschlicher Selbstentfremdung durch die Praxis des Kommunismus zu einer Utopie wurde. Angesichts dieses beunruhigenden Tatbestandes kann und darf die Möglichkeit nicht ausgeschlossen werden, daß heute das Ziel revolutionären Denkens und Handelns auch darin bestehen könnte, die vom Marxismus unterstellte Entfremdung vor ihrer durch die Gesellschaft drohenden Aufhebung zu retten. Das trifft vor allem für die Religion zu, wenn man mit Marx an der grundlegenden Bedeutung der Religionskritik für die gesellschaftliche Revolution festhält. In der theologischen Diskussion blieb dieser Zusammenhang von Religionskritik und Grundlegung der Revolution häufig verborgen, weil dem Atheismus eine nur zufällige, zeitbedingte Bedeutung für den Marxismus zugesprochen wurde oder man den Versuch machte, den Atheismus als eine Konsequenz des Endes der Metaphysik oder der Tradition idealistischer Philosophie zu begreifen.

Nicht Marx, sondern Hegel sei für den Atheismus der modernen Welt verantwortlich. Marx habe nur den praktischen Atheismus der bürgerlichen Gesellschaft ausgesprochen und als Voraussetzung für ein Denken anerkannt, das sich nichts mehr, wie Marx das genannt hat, vormachen wolle.

Nun gab es allerdings für Marx und Feuerbach keinen Zweifel daran, daß es sich in der Religion um einen vom Menschen selbst produzierten Schein handele, durch den der Mensch seiner wahren Wirklichkeit ausweiche und sich nur so in einer illusionären Weise befriedige. Was die Kritik von Marx an Feuerbach auch heute noch bedeutsam erscheinen läßt, ist, trotz grundsätzlicher Übereinstimmung mit Feuerbach in den Surrogatcharakter religiösen Verhaltens, die wichtige Einsicht von Marx, daß Religion nicht theoretisch beseitigt werden könne. „Das religiöse Elend ist in einem der Ausdruck des wirklichen Elendes und in einem die Protestation gegen das wirkliche Elend. Die Religion ist der Seufzer der bedrängten Kreatur, das Gemüt einer herzlosen Welt, wie sie der Geist geistloser Zustände ist“ (Karl Marx).

Marx sieht also völlig zutreffend im Unterschied zu allen Versuchen, Religion als ein Produkt unwissenschaftlichen Bewußtseins oder als Priesterbetrug zu begreifen, in der Religion einen Ausdruck und eine Gestalt der für den Menschen konstitutiven Entzweiung mit seiner Welt. Mit der sich in der Religion darstellenden Entzweiung tritt der Mensch erst als ein menschliches Wesen aus der ihn umfangenden Einheit mit der unmittelbar mit sich identischen Natur hervor. Die den Menschen eigene Entzweiung wird dann für Marx zur Entfremdung, wenn die gesellschaftliche Produktion als die vergegenständlichte gesellschaftliche Produktivkraft, als die Kraft der Entäußerung zu einer dinglichen Gewalt über den Menschen wird. Aber, und dies ist wohl der entscheidende Punkt, wenn die gesellschaftlichen Produktivkräfte reich genug entwickelt sind, dann brauchen sie nur vom arbeitenden Menschen als der entäußerte Reichtum seiner Natur in der Revolution angeeignet zu werden.

Die Entfremdung, die Religion motivierende Entzweiung werden dann aufgehoben, und das menschliche Subjekt kehrt in die Einheit seines nun gesellschaftlich vermittelten Wesens zurück. Alles hängt an der Dialektik des gesellschaftlichen Prozesses. Indem die als Gesellschaft und ihre Entwicklung begriffene Geschichte die Entfremdung und den sie religiös kompensierenden Schein produziert, erzeugt sie nach Marx gleichzeitig die Bedingungen ihrer endgültigen Aufhebung. Der für das Marxsche Denken zentrale Begriff der Revolution ist unter dieser Voraussetzung das in ihm gedachte Ereignis, in welchem die beiden Momente, der in der Geschichte erzeugte gesellschaftliche Reichtum und die Bedingungen der Aufhebung ihrer Entfremdungsgestalten, nun auch faktisch und real zusammenfallen. Wesen und Existenz, Notwendigkeit und Freiheit, Natur und Gesellschaft werden in der Form ihrer unentfremdeten Selbstreproduktion eins. Die Natur vermittelt sich in der kommunistisch organisierten Gesellschaft mit sich selbst. Die Geschichte ist ein Teil der Naturgeschichte.

Marx mußte es als einzigartigen Glücksfall betrachten, in der Existenz des Proletariats das Subjekt gefunden zu haben, an dem er das theoretisch gewonnene Postulat einer möglichen Aufhebung menschlicher Selbstentfremdung nun auch empirisch verifizieren zu können glaubte. In der revolutionären Aktion des zu einem Subjekt vereinigten Proletariats sollte die Einheit von Produzent und Produkt hergestellt werden. Die Entfremdung des Menschen mußte sich dann aufheben, der Sprung aus dem Reich der Notwendigkeit in das Reich der Freiheit mußte nun gelingen. Mit der irdisch diesseitigen Gestalt war auch die der religiösen Entfremdung selbst aufgehoben. So wie die Religionskritik zu den selbstverständlichen Voraussetzungen, so gehört die These vom geschichtlichen Verschwinden der Religion zu den unabdingbaren Zielen der marxistischen Revolutionstheorie.

Im Versuch einer praktischen Verwirklichung der marxistischen Theorie steht also auch immer das geschichtliche Schicksal der Religion überhaupt auf dem Spiel.

Die von der dialektischen Theologie vertretene These, daß der christliche Glaube selber keine Religion sei und daher mit Gelassenheit und nicht ohne eine gewisse Genugtuung dem den Religionen vom Marxismus bestimmten Ende zusehen könnte, verfängt schon darum nicht, weil die Marxisten sich mit Recht bisher geweigert haben, so subtile Unterscheidungen, die ja rein spekulativ bleiben, praktisch ernst zu nehmen. Aus dem Ansatz der Marxschen Theorie einer in der Revolution sich vollziehenden Aufhebung der Religion geht aber auch ebenso deutlich hervor, daß ein direkter oder indirekter Kampf gegen die Religion und ihre Institutionen für Marx völlig unvorstellbar gewesen wäre. Marx war überzeugt, daß in einer vom Kommunismus beherrschten und unter die Kontrolle des Menschen gebrachten Gesellschaft das religiöse Bedürfnis, wie der Staat übrigens auch, von selbst absterben würde.

Das faktische Ausbleiben der Revolution, wie sie sich Marx vorgestellt und wie er sie gefordert hat, ist also keineswegs gleichgültig für die Stellung zu der von Marx unterstellten Notwendigkeit, daß mit der gesellschaftlichen Ungleichheit auch die Religion verschwinden müsse. Die unmittelbar sinnlich und gegenständlich werdende Einheit von Produzent und Produkt im Vollzug der proletarischen Revolution wiederholt in einer eigentümlichen Weise die Bestimmung des metaphysischen Gottesbegriffes der antik-christlichen Tradition. Denn auch in diesem Gott wurde die Einheit von Existenz und Wesen, von Vollzug und Vollzogenem, von Freiheit und Notwendigkeit angenommen. In fetischistischer Form verhält sich der gläubige Kommunist zu den grundlegenden Bestimmungen des Gottes der Metaphysik, indem er sich nämlich auf das Proletariat und seine ihm im Marxismus zugedachte Rolle eines Befreiers der Menschheit aus dem Elend ökonomischer und geistiger Entfremdung bezieht.

Die nicht verwirklichte Revolution erzwingt also eine Wiederherstellung des religiösen Verhältnisses, das mit den Formen religiösen Ausdrucks in den westlichen Industriegesellschaften die Anonymität teilt.

Diese seine Unbewußtheit und Gestaltlosigkeit ist es, die das religiöse Bewußtsein erst absterben und in eine zynische Bejahung bestehender Herrschaft umschlagen läßt. Es entspricht einer tiefen Ironie der Geschichte, daß im Verhältnis zur Zweideutigkeit des Religiösen in der bürgerlichen Gesellschaft erst der Kommunismus völlig eindeutig die Bestimmungen herausgearbeitet hat, die den Bedingungen und Voraussetzungen der Feuerbachschen Religionskritik genügen. Die Aufhebung der Metaphysik und der Religion bleiben bei Marx, wie bei jedem anderen Versuch, zweideutig. Die in der Religion dargestellten und ausgelegten Grundbestimmungen des menschlichen Daseins halten sich in der Form der Verkehrung ihres ursprünglichen Sinnes auch im Marxismus und der von ihm bestimmten Praxis durch.

Die Entzweiung, die für alles menschliche Sein und alle religiöse Verwirklichung grundlegend ist, ist auch dann nicht aufzuheben, wenn eine bewußte, sich revolutionär nennende Praxis sich auf dieses Ziel richtet. Dann ist im Sein mehr als im Bewußtsein. Ohne Entfremdung ist das bewußte Sein des Menschen nicht denkbar. Die Durchbrechung dieser Struktur scheint nur punktuell und als augenblickshafter Vollzug möglich zu sein. Es bedeutet zweifellos eine Schwäche der Marxschen Theorie, und das gilt gerade für den jungen Marx, durch eine falsch bestimmte Dialektik der Entfremdung und ihrer Aufhebung erreicht zu haben, daß heute die ins Unbedingte und Totale umschlagende gesellschaftliche Entfremdung des Menschen mit ihrer Aufhebung verwechselt werden kann.

Die Bewußtlosigkeit, die den Marxismus in der Frage nach den substantiellen, nicht durch die Gesellschaft gesetzten und daher auch nicht in die Gesellschaft auflösbaren Voraussetzungen der Freiheit auszeichnet, ist in seinem Selbstverständnis als Vollendung der Emanzipation begründet. Was Marx in seinem Programm einer Aufhebung der Religion als Gestalt menschlicher Selbstentfremdung versuchte, ist die Verwirklichung einer Möglichkeit, die im Prinzip der bürgerlichen Gesellschaft angelegt ist.

Die Entfremdung des religiösen Seins des Menschen von seiner gesellschaftlichen Existenz gehört strukturell zur bürgerlichen Gesellschaft. Für sie ist das Sein des Menschen in der Religion, in der Geschichte mit und unter Gott, prinzipiell gleichgültig. Sie toleriert den Atheismus ebenso wie den christlichen Gottesglauben. In der These vom geschichtlichen Ende der Religion geht es also um die durch die bürgerliche Gesellschaft wenigstens im Prinzip bejahte Befreiung der Gesellschaft von allen Gestalten des geistig Allgemeinen, die durch die Gesellschaft nicht gesetzt werden können. So ist der Kampf gegen die Religion nicht nur taktisch begründet als Bestandteil der politischen Revolution, sondern ist vielmehr im Begriff der Emanzipation selbst angelegt.

Die Marxsche Bestimmung der Theorie als Moment revolutionärer Praxis ist von seinem Anspruch her zu begreifen, das Gesetz der bürgerlichen Gesellschaft, die Emanzipation an dieser zu vollziehen. Sie soll von ihren bürgerlich-kapitalistischen Schranken befreit werden. Die Entdeckung der Bewegungsgesetze des Kapitalismus als der Notwendigkeit, der die bürgerliche Gesellschaft folgt, fiel für Marx mit der Einsicht in den revolutionären Ablauf zusammen, durch den die bürgerliche Gesellschaft gezwungen sei, sich revolutionär aufzuheben. Indem aber die bürgerliche Gesellschaft an den Gegensätzen zerbricht, die sie an ihrer Entfaltung hindern, kommt die Bestimmung des Menschen heraus, die sie allein anerkannte: Die Gattungsnatur des Menschen als eines im Prozeß gesellschaftlicher Arbeit seine Bedürfnisse sinnlich und gegenständlich befriedigenden Wesens. Die Widerlegung der Religion und des christlichen Staates ist angesichts der Lage des Proletariats für Marx keine Frage der Theorie, sondern eine Frage der Auslegung tatsächlich bestehender Verhältnisse. In der Existenz des Proletariats hat sich für Marx die überkommene religiös-sittliche Weltordnung faktisch aufgelöst.

Der Nachweis der Nichtigkeit von Religion, Sittlichkeit und Philosophie ist in der Existenz des Proletariats praktisch durch die Gesellschaft erbracht worden.

Die List der Vernunft arbeitete, so schien es, nicht mehr im Dienste des Hegelschen Gottes, sondern seines Gegenparts. Marx offenbarte ein Stück negativer Dialektik des Geschichtsprozesses. Das hat mit Säkularisation christlicher Eschatologie (Löwith) oder gar mit einem nur metaphysisch begreifbaren Aufstand gegen das Sein (Heidegger) oder mit einem die Geschichte utopisch unter das Gesetz eines Totalentwurfes zwingenden Denkens (Jaspers) unmittelbar gar nichts zu tun. Eine Auseinandersetzung mit dem Marxismus kann sinnvollerweise nur darin bestehen, das Auftreten eben der Strukturen zu verhindern oder zu überwinden, die Karl Marx an der Existenz des Proletariats im 19. Jh. aufgewiesen hat. Der Kapitalismus hat zwar bewiesen, daß er mit der ökonomischen Verelendung fertig werden kann, die Frage dagegen nach einer Lösung für das Elend des Bewußtseins, wie Karl Marx es genannt haben würde, ist in der Gesellschaft des Ostens ebenso offen und ungelöst wie in der Gesellschaft des Westens. Ist Religion Ideologie, eine Gestalt falschen Bewußtseins, von der sich der Mensch im Fortschritt der Geschichte befreit, so fällt das Individuum der Macht eben der Gesellschaft anheim, von der es dann keine Freiheit mehr geben kann. Die Dialektik des Marxismus fordert, daß die Frage nach dem Zusammenhang von Revolution und Freiheit neu gestellt wird.

Die Frage nach der Revolution und der von ihr erhofften Befreiung des Menschen ist in einer Weise in diesem Lande wieder aktuell geworden, wie das niemand nach den Erfahrungen unseres Jahrhunderts erwarten konnte. Man wird, so scheint es, einen vielleicht sehr hohen Preis dafür zu zahlen haben, daß sich die Philosophie nach diesem Krieg der Aufgabe entzogen hat, sich mit der Erfahrung versuchter revolutionärer Befreiung in unserer Zeit so auseinanderzusetzen, wie das der deutsche Idealismus, vor allem Hegel, mit der Französischen Revolution getan hat. Zwar reden wir von unserem Zeitalter als einem Zeitalter technischer und industrieller Revolutionen, aber beunruhigt werden wir erst wirklich dann, wenn grundsätzlich das Mittel der Gewalt als ein Mittel politischen Kampfes, und sei es auch nur indirekt, ins Auge gefaßt wird. Aber alle diese Formen revolutionärer Bewegungen, politische, technische, soziale und wissenschaftliche, sind nur Erscheinungen des die Bewegung der neuzeitlichen Welt in ihrem Grunde bestimmenden Prinzips der Revolution.

Es geht um die Einlösung der bereits am Beginn der Neuzeit von Francis Bacon ausgesprochenen Hoffnung, durch die moderne Wissenschaft und ihre gesellschaftlich-technische Anwendung ein regnum hominis, das Reich des Menschen, zu errichten. Es ist der das geschichtliche Wesen der neuzeitlichen Welt bestimmende Wille, den Menschen aus allen Formen der Abhängigkeit zu befreien, die Macht der Natur und die in ihr begründete Herrschaft des Menschen über den Menschen zu brechen. Der Mensch soll, wie Marx das formuliert hat, aufhören, ein verächtliches Wesen zu sein. Dieses in der Charta aller neuzeitlichen Revolutionen niedergelegte Programm hat trotz aller Enttäuschungen und aller Schrecken nichts von seiner ursprünglichen Faszination verloren. Für eine überwiegende Mehrheit der gegenwärtig lebenden Menschen verbindet sich mit der Revolution die Hoffnung auf ein Leben ohne unerträgliche soziale Ungerechtigkeit und ohne eine ständige Bedrohung durch Hunger und Unterdrückung.

Nicht ohne Grund ist auf der letzten ökumenischen Tagung in Genf die Frage gestellt worden, ob ein Christ sich an der

Revolution, und d.h. an dem Versuch einer gewaltsamen Veränderung sozial-unerträglicher Verhältnisse, beteiligen soll.

Ganz unabhängig davon, wie man den Sinn von Revolution philosophisch oder theologisch denken mag, bleibt Revolution ein bewegendes und grundlegendes Element in der Geschichte der Gegenwart. Nicht also das Faktum der Revolution oder revolutionäre Entwicklungen als solche sind heute problematisch, sondern ausschließlich die Frage, wie sich dadurch das Maß menschlicher Freiheit und Selbstbestimmung vergrößern läßt. Den suggestiven Theorien revolutionärer Befreiung stellt die Geschichte ihre Realität wachsender Unfreiheit entgegen, und zwar einer Unfreiheit, die eben den Revolutionen zu danken ist, die an ihrer humanen Bestimmung scheiterten. Sowohl die geschichtlich-unreflektierte Erneuerung revolutionärer, nun in den westlichen Industriegesellschaften utopisch gewordenen Hoffnungen, wie die kassandrahaften Beschwörungen geschichtlicher Verhängnisse werden im Prinzip der Verlegenheit emanzipativer Befreiung nicht gerecht. Die illusionslose Theorie eines reinen, von allen umfassenden Zielen sich frei wissenden Pragmatismus scheint dagegen selbst eine Illusion zu sein.

In dieser Situation geschichts- und erinnerungsloser Gegenwart bleibt uns daher nichts als die Geschichte und ihre unbegriffene Erfahrung. Angesichts des Umschlags der Französischen Revolution in eine Tugendherrschaft des Schreckens, in der das Leben des einzelnen soviel wert war wie das Abschlagen eines Kohlhauptes, hat Hegel eine Einsicht ausgesprochen, die merkwürdig unbekannt und verborgen geblieben ist. Sie lautet: „Es ist nur für eine Torheit neuerer Zeit zu achten, ein System verdorbener Sittlichkeit, deren Staatsverfassung und Gesetzgebung ohne Veränderung der Religion umzuändern, eine Revolution ohne Reformation gemacht zu haben. Zu meinen, mit der alten Religion und ihren Heiligkeiten könne eine entgegengesetzte Staatsverfassung Ruhe und Harmonie in sich haben." In diesem Satz stellt Hegel ein Konsequenzverhältnis zwischen Reformation und Revolution her, und er bezeichnet es als eine Torheit neuerer Zeiten, zu glauben, man könne nach der Reformation eine Revolution ohne oder gegen die Reformation machen.

Hegel hat das Christentum, d.h. das Erscheinen Gottes in der Geschichte, und die Reformation als die Aneignung dieses Ereignisses durch die glaubende Subjektivität als zwei für die Weltgeschichte der Freiheit fundamentale revolutionäre Ereignisse begriffen.

„Hierin – in der Verkündigung Jesu – liegt eine Abstraktion von allem, was zur Wirklichkeit gehört, selbst von den sittlichen Banden. Man kann sagen, nirgends sei so revolutionär gesprochen als in den Evangelien. Denn alles sonst Geltende ist als ein Gleichgültiges, nichts zu Achtendes gesetzt." Und Hegel fährt fort: „Das Weitere ist dann, daß dieses Prinzip sich entwickelt hat, und die ganze folgende Geschichte ist die Geschichte seiner Entwicklung." Die Welt selber in den Mächten ihres Herkommens, in ihren politisch-gesellschaftlichen Ordnungen, als Gewalt der Natur ist in diesem Ereignis abgetan und außer Kraft gesetzt worden. Von allem ist der Mensch im Glauben frei geworden. Geschichte der Freiheit ist für Hegel nur und nur solange Geschichte der Freiheit, als sie sich in dem durch den Glauben eröffneten Horizont ihres Verständnisses hält. Tritt sie aus diesem Grund und Zusammenhang heraus, dann fällt sie an die Macht der Natur zurück, der sie emanzipativ entrinnen will.

Die Reformation ist für Hegel die entscheidende Zäsur für die Verwirklichung dieser Freiheit, und nicht die politische Revolution in Frankreich. „So – in der Reformation – wird der subjektive Geist in der Wahrheit frei, negiert seine Partikularität und kommt zu sich selbst in seiner Wahrheit. So ist die christliche Freiheit wirklich geworden." Die geschichtliche Aktualität der Reformation ist also für Hegel mit der geschichtlichen Aktualität der Freiheit selber in allen ihren Gestalten, auch politisch und gesellschaftlich, identisch. Wenn sich die Subjektivität ohne diesen Inhalt setzt, dann bleibt nur der natürliche Wille. Mit der Reformation „ist das neue, das letzte Panier aufgetan, um welches die Völker sich sammeln. Die Fahne des freien Geistes, der bei sich selbst, und zwar in der Wahrheit ist, und nur in ihr bei sich selbst ist. Dies ist die Fahne, unter der wir dienen und die wir tragen".

Wenn wir heute nach dem Verhältnis von Reformation und Revolution fragen, bedeutet das, die Frage zu stellen, ob im Gang der nachreformatorischen Revolutionsgeschichte, also durch die politische Revolution in Frankreich und durch die gesellschaftliche Revolution in Rußland, die These Hegels widerlegt worden ist, daß es sich in der Reformation um die Errichtung des letzten Paniers der Freiheit gehandelt habe.

Hegel hat jedenfalls das Scheitern der politischen Revolution in Frankreich, in der es um die Herstellung eines Zustandes politischer Gleichheit für alle ging, als einen Schritt in der Verwirklichung christlicher Freiheit grundsätzlich bejaht und gefeiert. Die

Verkehrung von Freiheit in Terror dagegen hat er als eine Konsequenz der Verneinung von einer in der Geschichte durch die Reformation bereits erreichten Gestalt von Freiheit begriffen. Das politische Prinzip der Revolution sei abstrakt, weil es die Tiefe und Unendlichkeit des subjektiven Geistes außer sich habe. Sie habe in ihrem Prinzip nicht die Tiefe des im Willen Gottes gebundenen Gewissens und der substantiellen sittlichen Gesinnung in sich, sondern den bloßen natürlichen Willen des Individuums als eines Sohnes der bürgerlichen Gesellschaft. Aber dieser natürliche, in allem nur sich selbst und seine Befriedigung suchende Wille, der sich in der Revolution aus der Geschichte befreit hatte, sollte zum Prinzip der Institutionen der Freiheit in der modernen Welt werden. Doch der bloße, sich selbst wollende und suchende Wille des Menschen ist, reformatorisch beurteilt, der blinde Naturwille, den Luther als das Wesen vom peccatum, der Sünde, bestimmt hat.

Hegel hat bereits von den Institutionen der Freiheit, die auf diesem Grunde errichtet wurden, gesagt, daß sie in der Luft hingen. Die Dialektik von Anarchie und Terror, welche die politische Geschichte der neuzeitlichen Welt in zunehmendem Maße bestimmte, auch wenn diese Dialektik die Gestalt von Utopie und Zynismus annimmt, ist in der Revolution angelegt und begründet, die die Freiheit gegen die Reformation verwirklichen wollte. Es gehört zu den tiefen – von Hegel übernommenen – Einsichten des Marxismus, daß Karl Marx die Notwendigkeit einer neuen, gesellschaftlichen Revolution mit der These begründet hat, daß die politische Revolution noch unvollendet sei. Erst mit der gesellschaftlichen Revolution sollte nicht nur die politische, sondern auch die religiöse Freiheit als Gestalt noch nicht vollständig aufgehobener menschlicher Selbstentfremdung verschwinden. Indem der Marxismus sich als die Vollendung der Geschichte revolutionärer Befreiungen begreifen möchte, versteht er sich tatsächlich zugleich als das Ende aller der Freiheiten und ihrer Bedingungen, die im Gang der Weltgeschichte von den Griechen her über das Christentum, die Reformation und die politische Revolution bereits erreicht wurden.

So unzulänglich und kritikbedürftig diese Gestalten von Freiheit auch immer gewesen sein mögen, so wenig kann auf sie verzichtet werden. Die moderne Welt hat das leider immer erst dann gemerkt, wenn es zu spät und sie verloren waren. Die Opfer, die es kostete, sie auch nur teilweise wiederzuerlangen, wurden immer größer.

Vollendung des die neuzeitliche Welt tragenden Prinzips revolutionärer Befreiung durch Emanzipation im Marxismus bedeutet, wie wir heute alle wissen können, daß in den Traditionen politischer Demokratie und religiös-christlicher Reformationen erreichte Bedingungen von Freiheit verschwinden und untergehen. Vollendung der Revolution im Marxismus heißt, daß die religiöse, die Freiheit des einzelnen im Gewissen bei sich selbst und die politische Freiheit als die in der Form des Rechtes garantierte Gleichheit aller vor dem Gesetz als uneigentliche Verhüllungen gesellschaftlicher Ungleichheit aufgelöst und zerstört werden sollen. Über die von Hegel gerügte Torheit der Französischen Revolution hinaus arbeitet der Marxismus in der Wendung des postulierten Endes der Geschichte gegen die Vernunft ihrer Entwicklung an der Beseitigung des Inhaltes von Freiheit, deren Bedingungen er herstellen will. Die von Hegel erkannte substantielle Bedeutung der Subjektivität als des eigentlichen Ortes und Ursprungs von Freiheit für die emanzipierte Welt, die ihn bestimmte, in der Reformation die letzte fundamentale Gestalt von verwirklichter Freiheit überhaupt zu sehen, wird durch die geschichtliche Erfahrung bestätigt.

Nicht nur in der bolschewistischen Revolution in Rußland, sondern in allen Formen versuchter revolutionärer Praxis scheitert heute Revolution der Freiheit, wie es ja auch der revisionistische Marxismus bei Herbert Marcuse zugibt, daran, daß revolutionäre Theorie kein Subjekt mehr findet. In der westlichen Welt findet revolutionäre Theorie keinen Adressaten mehr. Ein zur Distanzierung und Überholung bestehender Verhältnisse befähigtes und gewilltes Subjekt ist in unserer Welt nicht mehr auszumachen.

An die Stelle sich in der Revolution befreiender Subjektivität ist heute als Träger revolutionärer Prozesse die Wissenschaft getreten, die sich als die stärkste und produktivste Kraft aller revolutionären Veränderungen erwiesen hat. Der Gang der Revolution hat das Subjekt einer möglichen revolutionären Veränderung im Sinne des Begriffs einer Verwirklichung von Freiheit selbst aufgelöst. Damit ist Revolution im Sinne des hier entwickelten und im Verständnis des in der Neuzeit vorausgesetzten Begriffs von Revolution an ihre eigene Grenze, an ihr eigenes Ende gekommen. Revolution nicht als Veränderung aller Lebensbedingungen durch Wissenschaft, Technik und Industrie, sondern als Zurückholen der entfremdeten Welt in die Verfügung autonomer menschlicher Freiheit ist heute an ihr eigenes, durch die Revolution selbst produziertes Ende gelangt, weil das Subjekt einer möglichen Verwirklichung von Freiheit durch die nunmehr total und unbedingt gewordene Emanzipation selbst abgeschafft wird. Problematisch ist nicht nur, ob der Mensch diese fertig gewordene Welt der Emanzipation revolutionär überholen und verändern kann, sondern ob er sich überhaupt noch als das Subjekt eines Willens begreift, der etwas anderes will, als das, was sowieso schon geschieht.

In den skurrilen Formen, in denen die Jugend der Wohlstandsgesellschaft des Westens ihre total-gemeinte Weigerung zu artikulieren versucht, länger mitzumachen und aus der Geschichte auszusteigen, drückt sich eine Bejahung dessen aus, was abstrakt negiert werden soll. Freiheit meint auch hier nichts anderes als Freiheit in der Befriedigung von Bedürfnissen. Dieses Prinzip nimmt auch dann nicht mehr für sich ein, wenn es parasitär erfüllt wird. Marx hat die Notwendigkeit eines Gelingens der Revolution des Proletariats mit dem sonst unausweichlichen Rückfall in die Barbarei begründet. Die Gegenwart ist zu dem Kreuz geworden, als welche sie Hegel in der Einleitung zu seiner Philosophie des Rechts bestimmt hat.

Die gelbe Serie

Person und Revolution
Marx – Lenin – Mao
Einführung in Werk und Wirken
Herausgegeben von C. D. Kernig
Band 425 · 172 Seiten, 2. Aufl.

Revolution und Gesellschaft
Theorie und Praxis
der Systemveränderung
Herausgegeben von Th. Schieder
Band 462 · · 192 Seiten

Wilhelm Hennis
Die mißverstandene Demokratie
Band 460 · 144 Seiten

Helmut Schoeck
Der Neid und die Gesellschaft
Band 395 : : . 320 Seiten, 3. Aufl.

Helmut Schoeck
Die Lust am schlechten Gewissen
Band 464 · 160 Seiten, 3. Aufl.

in der Herderbücherei